E. Dassmann · O. Depenheuer · M. Heinze

Solidarität in Knappheit

Wissenschaftliche Abhandlungen und Reden zur Philosophie, Politik und Geistesgeschichte

Band 20

ERNST DASSMANN
OTTO DEPENHEUER · MEINHARD HEINZE

Solidarität in Knappheit

Zum Problem der Priorität

herausgegeben von

JOSEF ISENSEE

Duncker & Humblot · Berlin

Die Deutsche Bibliothek – CIP-Einheitsaufnahme

Dassmann, Ernst:
Solidarität in Knappheit : zum Problem der Priorität / Ernst Dassmann ; Otto Depenheuer ; Meinhard Heinze. Hrsg. von Josef Isensee. – Berlin : Duncker und Humblot, 1998
(Wissenschaftliche Abhandlungen und Reden zur Philosophie, Politik und Geistesgeschichte ; Bd. 20)
ISBN 3-428-09032-2

Satz: Klaus-Dieter Voigt, Berlin
Druck: Berliner Buchdruckerei Union GmbH, Berlin
Printed in Germany

ISSN 0935-5200
ISBN 3-428-09032-2

Inhalt

Vorwort des Herausgebers

Solidarität ist der ethische Grund einer Personenverbindung: daß einer für alle und alle für einen einstehen. Solidarität läßt sich realisieren in der Familie, in einem Zweckverband, im staatlichen Gemeinwesen, also in klar definierten Beziehungen, in personal, territorial oder gegenständlich begrenzter Verantwortung. Doch das christliche Gebot der Nächstenliebe macht nicht halt vor rechtlichen Grenzen und findet sich nicht ab mit sozialen Unterscheidungen. Der menschenrechtliche Universalismus der Gegenwart drängt auf die staat-transzendierende Solidarität einer Weltgesellschaft. Moralischer Impetus strebt ins Weite und Grenzenlose, in das planetarische Universum, ins Menschheitlich-Allgemeine, in dem alle Menschen Brüder werden. Doch universale Solidarität droht sich im Abstrakten zu verlieren, ins Unverbindliche aufzulösen und im Luftreich der Emphase – „diesen Kuß der ganzen Welt!" – zu enden. Als Maxime des praktischen Handelns gesehen, reibt sich die kosmopolitische Moral an den Strukturen des freiheitlichen Rechts, das nur begrenzte Pflichten zuläßt und jede Inpflichtnahme unter Rechtfertigungszwang stellt. Sie reibt sich an den Erfordernissen rationaler Organisation, die Zufall und Willkür verbietet. Sie reibt sich an den Bedingungen der Knappheit, unter denen Solidarität realisiert wird: Knappheit an Sach-, Geld- und Dienstleistungen, am Potential persönlicher Zuwendung zum Nächsten, vor allem: Knappheit an der Ressource Zeit. Solidarität, die moralisch und rechtlich ernst genommen werden will, bedarf der Unterscheidungen, der Prioritäten, der Grenzen. Damit erheben sich Grundfragen der ethischen Bedingtheit des Rechts und nach der realen Bedingtheit des Ethos.

Das weite Feld der Probleme wird in den Abhandlungen dieses Bandes aus verschiedenen Blickwinkeln vermessen: theologischen und historischen, staatsphilosophischen und verfassungsrechtlichen, sozialethischen, sozialrechtlichen und sozialpolitischen.

Der Bonner Kirchenhistoriker Ernst Dassmann behandelt die christliche Botschaft der Nächstenliebe, die alle Menschen einschließt, und das neutestamentarische Verdikt über Besitz und Reichtum vor dem Hintergrund der frühchristlichen Gemeinde, die, in dem Maße, in dem sie wuchs, in die Spannung geriet zwischen moralischem Rigorismus und dem Zwang zur Anpassung an das gesellschaftliche Umfeld („Nächstenliebe unter den Bedingungen der Knappheit"). – Die Spannung zwischen menschheitlicher Universal-Solidarität und praktischen Handlungsmöglichkeiten des Einzelnen wie des Staates bildet das Thema des Mannheimer Staatsrechtslehrers Otto Depenheuer. Er zeigt das Dilemma, daß im Zeitalter der postmodernen Globalisierung der Verhältnisse der Umfang der moralischen Herausforderung in keinem Verhältnis zu den realen Handlungsmöglichkeiten des Einzelnen steht. Praktische Bedingung von Solidarität sind sachgerechte Unterscheidungen („Nicht alle Menschen werden Brüder"). – Der Bonner Privat- und Sozialrechtslehrer Meinhard Heinze wendet sich dem bestehenden System des Sozialrechts zu und fragt über das positive Recht hinaus nach dem tragenden ethischen Fundament in den Prinzipien der Solidarität und Subsidiarität. Aus Inhalt, Spannung und Zusammenspiel der Prinzipien sucht er einen Maßstab, um Sinn und Mißbrauch der sozialen Institutionen aufzuweisen und ihre Hypertrophie auf ein freiheitsgerechtes Maß zurückzuschneiden („Grund und Mißbrauch der Solidarität im Rahmen der sozialen Gerechtigkeit").

Die drei Abhandlungen gehen hervor aus Referaten vor der Rechts- und Staatswissenschaftlichen Sektion der Görres-Gesellschaft auf der Generalversammlung in Mainz am 30. September 1996. Die Sektion hatte ihre Veranstaltung unter das Rahmenthema „Solidarität bei knappen Ressourcen – warum und mit wem?" gestellt.

Bonn, im November 1996 Josef Isensee

Nächstenliebe unter den Bedingungen der Knappheit

Zum Problem der Prioritäten und Grenzen der Karitas in frühchristlicher Zeit

Von Ernst Dassmann

I.

Im Johannesevangelium sagt Jesus seinen Jüngern: *Ein neues Gebot gebe ich euch: Liebet einander! Wie ich euch geliebt habe, so sollt auch ihr einander lieben. Daran werden alle erkennen, daß ihr meine Jünger seid, wenn ihr einander liebt* (Joh 13,34). Welche Liebe Jesus meint, macht er deutlich, wenn er den Jüngern die Füße wäscht, ihnen verbietet, sich als Herr oder Rabbi über andere zu gebärden, und erklärt, eine größere Liebe habe niemand, als derjenige, der bereit ist, sein Leben hinzugeben für seine Freunde.

Mahnungen zur Nächstenliebe, die alle Menschen einschließt und niemanden ausgrenzt, sind im Neuen Testament so zahlreich, daß sie im einzelnen nicht aufgeführt zu werden brauchen.[1] Eine besondere Dringlichkeit und Dynamik bekamen sie dadurch, daß die Nächstenliebe mit der Gottesliebe kurzgeschlossen und ihr gleichgestellt wurde. Gebote, die im Alten

---

1 *R. Schnackenburg,* Die sittliche Botschaft des Neuen Testaments = Herders theologischer Kommentar zum Neuen Testament, Supplement. I, 1/2 (Freiburg 1986/88) (1) 88/93, (2) 42/5; zur Problematik einer Einengung der Nächstenliebe durch die Bruderliebe vgl. *H. J. Klauck,* Brudermord und Bruderliebe, in: H. Merklein (Hg.), Neues Testament und Ethik, Freiburg 1989, S. 151 f. Anm. 3.

Testament noch weit auseinanderliegen (Dtn 6,5; Lev 19,18), faßt Jesus in einem Doppelgebot zusammen: *Du sollst den Herrn, deinen Gott, lieben mit ganzem Herzen, mit ganzer Seele und mit allen deinen Gedanken. Das ist das wichtigste und erste Gebot. Ebenso wichtig ist das zweite: Du sollst deinen Nächsten lieben wie dich selbst* (Mt 22,37/9). Als endzeitlicher Richter schärft Jesus ein: *Was ihr für einen meiner geringsten Brüder getan habt, das habt ihr mir getan* (Mt 25,40).[2] Er identifiziert sich mit den Menschen. Gottesliebe verwirklicht sich in der Menschenliebe, denn wie sollte einer Gott lieben, den er nicht sieht, wenn er es nicht fertig bringt, den Bruder zu lieben, den er sieht (1 Joh 4,20). Liebe ist kein Gefühl, sondern nüchterne Tat. Liebe ist nicht, mit Engels- und Menschenzungen zu reden, Berge zu versetzen, prophetische Rede und alle Erkenntnis zu besitzen, sondern eine Haltung, die langmütig, gütig, unverbittert und selbstlos dem Nächsten zugewandt bleibt (1 Kor 13).

Ob man in die Evangelien oder in die Apostelbriefe schaut, überall begegnen dieselben Zusammenhänge von Gottesverehrung und Nächstenliebe sowie von Liebe und tatkräftiger Hilfe. Bei der allgemeinen Verbreitung dieser Gedanken im christlich geprägten Kulturraum darf nicht vergessen werden, daß sie anfänglich einen innovatorischen Charakter besaßen und in eine Welt hineingesprochen wurden, die Vergleichbares kaum oder gar nicht kannte. Sieht man einmal vom Judentum ab, aus dem das frühe Christentum herauswächst und mit dem es nicht zuletzt im Hinblick auf karitative Aktivitäten verbunden bleibt, ist die Sorge für den Mitmenschen der spätantiken Gesellschaft weithin unbekannt. Barmherzigkeit, eine für die Zuwendung zum bedürftigen Nächsten notwendige Haltung, ist keine spätantike Tugend.[3] Die Ethik der Stoa lebt vom

---

2 Zum frühchristlichen Verständnis von Mt 25,35/40 vgl. *M. Puzicha,* Christus peregrinus = Münsterische Beiträge zur Theologie 47, Münster 1980, S. 66 - 178.

3 *W. Schwer,* Barmherzigkeit, in: Reallexikon für Antike und Christentum 1 (1950), S. 1200 - 1207; *E. Dassmann,* Geschichte der Kirche – Last oder Er-

Pathos der Gerechtigkeit, die als *iustitia distributiva* jedem das Seine zukommen läßt.[4] Barmherzigkeit gilt ihr als Schwäche. Vielleicht übertreibt G. Uhlhorn, wenn er in seiner bereits 1882 erschienenen umfangreichen Untersuchung über frühchristliche Karitas die vorchristliche Zeit *eine Welt ohne Liebe* nennt.[5] Er beruft sich für sein Urteil auf den christlichen Schriftsteller Laktanz, der am Beginn des 4. Jahrhunderts schreibt: *Die Barmherzigkeit und die Humanität sind Tugenden, die den Gerechten und Verehrern Gottes eigentümlich sind. Davon lehrt die Philosophie nichts* (Inst. 6,10). Man wird bei diesen Worten zwar mit einer polemisch-apologetischen Spitze rechnen müssen bei einem Autor, der die Neuheit des gerade siegreichen Christentums – Laktanz erlebte den Umschwung der *Konstantinischen Wende* am Beginn des 4. Jahrhunderts – von den überholten Vorstellungen einer überwundenen Epoche abhebt, aber ein Stück Wahrheit liegt doch in den Behauptungen sowohl Uhlhorns als auch des Laktanz.

Natürlich hat es Hilfeleistungen auch in der nichtchristlichen Gesellschaft gegeben. Bettler haben zu jeder Zeit eine milde Gabe empfangen. Bei Naturkatastrophen, gegenüber Schiffbrüchigen hat man sich zu jeder Zeit hilfsbereit erwiesen. Gastfreundschaft wurde gewährt vor allem in unwirtlichen Gegenden, wo gastfreundliche Aufnahme die einzige Möglichkeit des Überlebens bot. Aber alle diese humanen Gesten, die über den Kreis der Familie oder Freunde hinausgingen, geschahen spontan, beliebig, nicht eigentlich als Ausdruck sittlicher Verpflichtung und in keiner Weise staatlich oder gesellschaftlich organisiert. Wenn reiche Bürger Geschenke austeilten, Theater, Bäder

---

mutigung für den Glauben? Zur gesellschaftsverändernden Kraft der frühchristlichen Gemeinden, in: Hirschberg 46 (1993), S. 386 - 388.

4 *A. Dihle,* Gerechtigkeit, in: Reallexikon für Antike und Christentum 10 (1978), S. 266 - 272; *W. Nagel,* Gerechtigkeit oder Almosen? (Mt 6,1), in: Vigiliae Christianae 15 (1961), S. 141 - 145.

5 *G. Uhlhorn,* Die christliche Liebesthätigkeit in der alten Kirche, Stuttgart 1882, S. 3.

oder Bibliotheken bauten, wenn sie Spiele ausrichteten und Bankette zum Gedächtnis ihrer Ahnen veranstalteten, kam das alles auch den minderbemittelten Bürgern zugute. Trotzdem war die spätantike *liberalitas* von der *caritas* so verschieden wie eben das Heidentum vom Christentum.[6]

Mit der Forderung nach bedingungsloser Nächstenliebe verband sich am Beginn der christlichen Verkündigung eine radikale Kritik an Reichtum und Besitz, die sich ebenfalls auf deutliche Jesusworte berufen konnte. In der sogenannten Jüngerethik fordert Jesus völligen Weltverzicht und das Negieren weltlicher Verhaltensweisen, wenn sie der Predigt des Gottesreiches hindernd im Wege stehen. Die Jünger sollen heimatlos sein, Haus und Boot des Vaters verlassen. Wie ihr Herr und Meister haben sie nichts, wohin sie ihr Haupt zum Schlafe hinlegen können (Mt 8,22). Mit der Heimatlosigkeit verbindet sich der Verzicht auf Familie und jeglichen Besitz. Ohne Geld und Schuhe, ohne Stab und Vorräte, nur mit einem einzigen Mantel versehen, sollen sie von Ort zu Ort ziehen und darauf vertrauen, daß Gott, der die Blumen kleidet und die Vögel nährt, auch ihnen das Brot, das sie täglich brauchen, zukommen lassen wird (Mt 6,25/32).[7]

Alle drei synoptischen Evangelien überliefern Jesu Warnung vor dem Reichtum im Zusammenhang mit einem reichen Mann, dem Jesus rät, wenn er vollkommen sein wolle, alles zu verkaufen und den Erlös den Armen zu geben. Als der Mann traurig fortgeht, weil er sehr reich ist, sagt Jesus seinen Jüngern: *Wie schwer ist es für Menschen, die viel besitzen, in das*

---

[6] Reichhaltiges Material bei *H. Bolkestein,* Wohltätigkeit und Armenpflege im vorchristlichen Altertum, Utrecht 1939; *A. Dihle,* Ethik, in: Reallexikon für Antike und Christentum 6 (1966), S. 686f.

[7] *G. Theißen,* Soziologie der Jesusbewegung, in: Theologische Existenz heute 194, München 1977, S. 16 - 21; *ders.,* Wanderradikalismus. Literatursoziologische Aspekte der Überlieferung von Worten Jesu im Urchristentum, in: ders., Studien zur Soziologie des Urchristentums = Wissenschaftliche Untersuchungen zum Neuen Testament 19, Tübingen 1979, S. 79 - 105; *L. Schenke,* Die Urgemeinde, Stuttgart 1990, S. 226f.

Reich Gottes zu kommen! ... Eher geht ein Kamel durch ein Nadelöhr, als daß ein Reicher in das Reich Gottes gelangt (Mk 10,17/25; Mt 19,16/30; Lk 18,18/30). Ganz gleich, wie man das Bild auflöst, ob man unter dem Kamel einen Garnknoten oder unter dem Nadelöhr die kleine Nebenöffnung eines Stadttores versteht, die Schwierigkeit des Durchkommens bleibt sich gleich.[8] Genauso haben es die Jünger verstanden. Sie erschrekken und fragen: *Wer kann dann noch gerettet werden?* Jesus bestätigt und entkräftet zugleich ihre Sorge: *Für Menschen ist das unmöglich, aber nicht für Gott; denn für Gott ist nichts unmöglich* (Mk 10,26f).

Unter den Evangelisten ist es vor allem Lukas, welcher das Lob der Armen und das Wehe über die Reichen forciert. Die *Armen im Geiste* aus der Bergpredigt bei Matthäus sind bei ihm die wirklich Armen, die täglich Hunger leiden. Ihre Seligpreisung kontrastiert er mit dem Weheruf: *Aber weh euch, die ihr reich seid; denn ihr habt keinen Trost mehr zu erwarten* (Lk 6,20.24). Lukas überliefert das *Magnificat* Mariens, in dem es heißt: *Die Hungernden beschenkt er mit seinen Gaben, die Reichen läßt er leer ausgehen* (Lk 1,53). Entsprechend charakterisiert er die urchristliche Gemeinde in Jerusalem als eine Gesellschaft ohne Privatbesitz. *Keiner nannte etwas von dem, was er hatte, sein Eigentum, sondern sie hatten alles gemeinsam ... Sie verkauften Hab und Gut und gaben davon allen, jedem so viel, wie er nötig hatte* (Apg 4,32; 2,45).[9]

Allerdings verschweigt Lukas nicht, daß er damit ein Ideal beschreibt und nicht in jedem Fall die Wirklichkeit. Der so oft

---

8 *J. Schmidt,* Das Evangelium nach Markus = Regensburger Neues Testament 2, Regensburg ^{3}1954, S. 193f.; *R. M. Grant,* Christen als Bürger im römischen Reich, Göttingen 1981, S. 112.

9 Vgl. noch Lk 3,10f.; 4,18f.; 5,11.28; 6, 20f. 33/6; 7,22; 8,1/3.14; 12,13/21.33f.; 14,33; 16,8/12.19/31; 19,1/10; 21,1/4; dazu *A. Weiser,* Theologie des Neuen Testaments 2 = Studienbücher Theologie 8, Stuttgart 1993, S. 147f.; *Schenke* (N 7), S. 90 - 94; *F. Mußner,* Die Armenfrömmigkeit des Jakobusbriefes = Herders theologischer Kommentar zum Neuen Testament 13,1, Freiburg 1964, S. 76 - 84.

beschworene frühchristliche *Liebeskommunismus* hat – so scheint es – von Anfang an nicht funktioniert. So berichtet Lukas von einem Ehepaar, Hananias und Saphira, das zwar einen Acker verkauft, jedoch einen Teil des Erlöses für sich behält. Die Apostel verurteilen den Täuschungsversuch, nicht das Zurückbehalten eines Teils des Geldes. Die Eheleute hätten ja gar nicht zu verkaufen brauchen (Apg 5,1/4). Lukas idealisiert die Anfänge, aber er unterdrückt die historische Wahrheit nicht ganz. So berichtet er von dem Protest der Hellenisten gegenüber den Hebräern, daß ihre Witwen bei der täglichen Versorgung mit Lebensmitteln übersehen worden seien (Apg 6,1/6). Ganz gleich, was hinter diesem Protest steckt, wirklich nur eine Panne in der Gemeindekaritas oder Rivalitäten zwischen – hier Hellenisten und Hebräer genannten – Gruppierungen in der Gemeinde, diese und andere Stellen nicht nur bei Lukas, sondern auch in weiteren neutestamentlichen und frühkirchlichen Texten lassen erkennen, daß kerygmatische Absichten und historischer Wahrheitsgehalt nicht immer übereinstimmen. Handlungsanweisungen, die unter dem Vorbehalt des nahe bevorstehenden Gottesreiches einen guten Sinn ergeben, eigneten sich nicht als Programm für eine auf Dauer angelegte kirchliche Gemeinschaft.

Mit den Forderungen nach uneingeschränkter Nächstenliebe und Verzicht auf Besitz hatte sich die frühchristliche Ethik Ziele gesteckt, die kaum zu verwirklichen waren, wenn aus einer winzigen, charismatisch begründeten und eschatologisch ausgerichteten religiösen Bewegung eine kirchliche Institution werden wollte, die darauf aus war, die Menschen für sich zu gewinnen. Was mußte geschehen, wenn die Mission Erfolg haben sollte? Praktizierten Liebeskommunismus konnten sich nur winzige Aussteigergruppen leisten wie die Pythagoreer oder Qumran-Essener.[10] Würde man die ursprünglichen Forderungen aufgeben müssen? Würde man sie uminterpretieren und

---

10 *Grant* (N 8), S. 114 - 116.

ohne Substanzverlust an die veränderten Verhältnisse anpassen können? Oder würde es notwendig werden, die wachsende Kluft zwischen Anspruch und Wirklichkeit in Kauf zu nehmen und durch Buße und Sündenvergebung notdürftig zu überbrükken?[11] Über diese Fragen soll im folgenden nachgedacht werden, indem frühchristliche Nachrichten vorgestellt und interpretiert werden, die erstens über das Problem von Reichtum und Besitz, zweitens die objektiven und subjektiven Grenzen der Nächstenliebe und drittens erkannte, kritisierte und möglicherweise auch hingenommene Mißstände Auskunft geben.

II.

1. Sollte aus den ekstatischen Anfängen der Jesusbewegung eine institutionalisierte Kirche mit Zukunft werden, war es unumgänglich notwendig, das Verhältnis der Jesusanhänger zu Besitz und Reichtum zu klären. Bei der ausbleibenden Wiederkunft des Herrn zum Endgericht war das urchristliche Ideal völliger Besitzlosigkeit nicht durchzuhalten, sollte der neue Glaube nicht das Lebensprinzip einiger heimatloser Charismatiker bleiben, sondern in die normalen Strukturen von Familien und Gemeinwesen hineinwachsen. Schon Paulus reist nicht mehr wie die palästinensischen Wandermissionare ohne Stab und Beutel, sondern arbeitet als Zeltmacher, um niemandem zur Last zu fallen und darüber hinaus etwas zu haben, um den notleidenden Brüdern helfen zu können (2 Kor 12,13). Er kann auf seinen Missionsreisen nicht wie Jesu Jünger in Palästina bettelnd von Dorf zu Dorf ziehen; er muß eine Schiffspassage bezahlen, wenn er von Asien nach Europa übersetzen will.[12]

---

11 *E. Dassmann*, Kirchengeschichte 1 = Studienbücher Theologie 10, Stuttgart 1991, S. 229f.; *K. Beyschlag*, Zur Geschichte der Bergpredigt in der Alten Kirche, in: ders., Das Evangelium als Schicksal, München 1979, S. 77 - 92.

12 *G. Theißen*, Legitimation und Lebensunterhalt. Ein Beitrag zur Soziologie urchristlicher Missionare, in: ders., Studien (N 7), S. 201 - 214.

Die Frage nach der Vereinbarkeit von Jesu Armutsforderung und Besitz wurde schon bald akut, weil von Anfang an Angehörige aller Gesellschaftsschichten zu einer christlichen Gemeinde gehörten. Eine sogenannte *ecclesia sordida,* die nur aus Menschen der untersten Gesellschaftsschichten, aus Sklaven und Hungerleidern, bestanden hätte – wie es eine romantisch verklärte und marxistisch angehauchte Geschichtsschreibung gern annahm –, hat es nie gegeben.[13] Frühchristliche Gemeinden dürften von Anfang an in etwa die Bevölkerungsschichten der Stadt widergespiegelt haben. Der Statthalter von Bithynien am Schwarzen Meer, Plinius d.J., berichtet um 111/2 nach Rom, daß er es in den Christenprozessen mit Leuten jeden Standes, Alters und Geschlechts zu tun habe (Epistula 10,96). Bald mehren sich die Nachrichten, daß Mitglieder der städtischen Magistrate, Angehörige des *ordo equester,* ja vereinzelt sogar Personen aus senatorischem Adel gläubig wurden.[14] Wie konnten sie in die Gemeinde integriert werden, ohne ihren Besitz aufgeben zu müssen, angesichts der scharfen Verurteilung des Reichtums in der jesuanischen Tradition? Wie konnte der Reichtum unschädlich gemacht und dennoch erhalten werden, den die Gemeinden für ihre gottesdienstlichen, missionarischen und vor allem karitativen Aufgaben notwendig brauchten?

Eine Antwort versucht Klemens von Alexandrien (gest. vor 215) in einer kleinen Schrift zu geben, die den bezeichenden Titel trägt *Quis dives salvetur? (Welcher Reiche wird gerettet werden?*[15]) Klemens greift das schon von Paulus erwähnte

---

13 *G. Schöllgen,* Ecclesia sordida? = Jahrbuch für Antike und Christentum, Ergänzungsband 12, Münster 1984, S. 7; weitere einschlägige Literatur findet sich in dem Forschungsbericht von *J. Vogt,* Die Sklaven und die unteren Schichten im frühen Christentum, in: Gymnasium 87 (1980), S. 436 - 446.

14 Für Karthago sorgfältig untersucht bei *Schöllgen,* Ecclesia sordida? (N 13), S. 175 - 223.

15 *M. Hengel,* Eigentum und Reichtum in der frühen Kirche, Stuttgart 1973, bes. S. 79 - 82; *A. M. Ritter,* Christentum und Eigentum bei Clemens von Alexandrien auf dem Hintergrund der frühchristlichen Armenfrömmig-

Moment möglicher Hilfeleistung für andere auf, um Reichtum und Besitz christlich zu legitimieren. Jesu Worte von der Besitzlosigkeit werden nicht einfach beiseitegeschoben, aber doch spiritualisiert und als Mahnung fruchtbar gemacht, ein richtiges Verhältnis zu Besitz und Reichtum zu gewinnen. Man kann reich sein und doch im Geiste arm, entsprechend den *Armen im Geiste,* von denen bereits Matthäus in Abänderung der lukanischen Formulierung der Seligpreisungen gesprochen hatte (Mt 5,3; Lk 6,20). Es kommt darauf an, sich nicht vom Reichtum unterjochen zu lassen und sein Herz zum Himmel zu richten, wo die wahren Schätze sich befinden. Umgekehrt kann ein Armer ein verhärteter Reicher sein, wenn er nach Besitz giert und seine Armut nicht als Hinweis auf die Bedürftigkeit des Menschen vor Gott annimmt (Quis dives 19). Vorsichtig formuliert Klemens eine ganze Anzahl von Bedingungen, die erfüllt sein müssen, wenn Besitz akzeptiert werden soll: *Denn wer Vermögen ... und Häuser als Gottes Gaben besitzt und Gott, der es gegeben hat, damit zum Wohl der Menschen dient und sich dessen bewußt ist, daß er alles dieses mehr seiner Brüder als seiner selbst wegen besitzt und Herr seines Vermögens, nicht Sklave seines Besitzes ist und ihn nicht in seinem Herzen trägt und ihn nicht zum Ziel und Inhalt seines Lebens macht, sondern immer auch ein edles und göttliches Werk zu vollbringen sucht und fähig ist, wenn er einmal seiner Güter beraubt sein sollte, auch ihren Verlust mit Gemütsruhe zu ertragen ebenso wie den Überfluß an ihnen: wer alle diese Eigenschaften hat, der wird von dem Herrn selig gepriesen und arm im Geiste genannt, würdig ein Erbe des*

---

keit und der Ethik der kaiserzeitlichen Stoa, in: Zeitschrift für Kirchengeschichte 86 (1975), S. 1 - 25 = *A. M. Ritter,* Charisma und Caritas, Göttingen 1993, S. 283 - 307; *L. W. Countryman,* The rich Christian in the Church of the Early Empire, New York/Toronto 1980; *C. Nardi,* Nota a Clemente Alessandrino, quis dives salvetur 19,3, in: Prometeus 9 (1983), S. 105 - 110; *M. Wacht,* Wahre und falsche Armut. Bemerkungen zu Clemens Alexandrinus. Quis dives salvetur Kap 19, in: Vivarium. FS Theodor Klauser = Jahrbuch für Antike und Christentum, Ergänzungsband 11 (1984), S. 338 - 347.

Himmelreiches zu werden, nicht ein Reicher, der das [ewige] Leben nicht gewinnen kann (Quis dives 16,3).

Wichtig wird also für Klemens der schon von Paulus initiierte Gedanke, daß Reichtum und Besitz anvertrautes Gut sind, das Gott den Menschen zum rechten Gebrauch gegeben hat. Dazu gehört vor allem – neben einer angemessenen Lebensführung und der Sorge für das Wohlergehen und die Zukunft der eigenen Familie –, den Besitz für die Belange der Gemeinde und als Almosen für die Armen zur Verfügung zu stellen. Es geht um einen *Kompromiß des effektiven Ausgleichs.*[16] Die Reichen geben von ihrem Besitz und die Armen danken mit ihren Gebeten. Auf diese Weise gelang es, den Reichen ein Heimatrecht in der Gemeinde zu sichern, ohne daß sie ein schlechtes Gewissen hätten haben müssen. Die sozialen Unterschiede wurden weiterhin durch die Überzeugung entschärft, daß vor Gott in der Ordnung von Schöpfung und Erlösung alle Menschen gleich sind und Gott nicht auf das Ansehen der Person schaut. Als Kinder Gottes haben Arme und Sklaven und Frauen (Gal 3,28) dieselben Chancen wie Reiche, Freie und Männer. Wenn der Himmel allen offensteht, relativieren sich die gesellschaftlichen und sozialen Unterschiede. Ihre wirtschaftlich-ökonomischen Auswirkungen können vernachlässigt werden.

Was theoretisch betrachtet einen guten Sinn ergibt, führte in der Praxis dennoch zu erheblichen Spannungen angesichts der krassen Gegensätze zwischen ungeheurem Luxus und bitterer Not in der Zeit der Spätantike, die dann im 4. Jahrhundert nach der *Konstantinischen Wende* auch in die christlichen Gemeinden eindrangen. Die Bischöfe dieser Zeit geißeln Verschwendung und Habsucht auf der einen, Mangel und Elend auf der anderen Seite. Da sich ihre scharfen Attacken gegen die sozialen Ungerechtigkeiten gehäuft in sonntäglichen *Sermones* finden und genügend Hinweise auf die angesprochenen Adres-

---

[16] Vgl. *Hengel* (N 15), S. 65; *Theißen*, Soziologie (N 7), S. 108.

saten vorhanden sind, besteht kein Zweifel, daß auch die eigenen Gemeindemitglieder gemeint sind, wenn Habsucht, Verschwendungssucht und auffallend oft der Wucher beklagt werden. Unermüdlich mahnen bedeutende Bischöfe – vor allem und neben vielen anderen Basilius der Große und Johannes Chrysostomus im Osten, Ambrosius von Mailand und Augustinus im Westen – zum Ausgleich zwischen den Gegensätzen.[17] Ein ganzes Bündel von Argumenten, die der stoischen Philosophie, der Heiligen Schrift und der praktischen Vernunft entnommen sind, wird zusammengetragen, um die Widersinnigkeit ungehemmten Besitzstrebens zu entlarven. Im Alten Testament ist das Buch der Sprüche eine Fundgrube für Warnungen und Mahnungen, im Neuen Testament dient das Gleichnis von dem törichten Reichen, der beim Scheunenbauen vom Tod überrascht wird (Lk 12,16/21), als warnendes Beispiel. Gottes Freigebigkeit und die verschwenderische Fülle der Natur werden verglichen mit der Knausrigkeit der Reichen, die

---

[17] *P. Christophe,* Les devoirs moraux des riches = Théologie Pastorale et Spiritualité 14, Paris 1964; *S. Calafato,* La proprietà privata in S. Ambrogio = Scrinium Theologicum 6, Torino 1958; *M. Wacht,* Privateigentum bei Cicero und Ambrosius, in: Jahrbuch für Antike und Christentum 25 (1982), S. 28 - 64; *K. P. Schneider,* Christliches Liebesgebot und weltliche Ordnungen, Diss. Köln 1975, S. 69 - 75; *In-San Bernhard Tschang,* Octo beatitudines, Diss. Bonn 1986, S. 7 - 33; *R. T. Otten,* Caritas and the Ascent Motif in the Exegetical works of St. Ambrose, in: Studia Patristica 8 = Texte und Untersuchungen 93, Berlin 1966, S. 442 - 448; *H. Rondet,* Richesse et pauvreté dans la prédication de Saint Augustin, in: Revue d'Ascétique et de Mystique 30 (1954), S. 193 - 231; *A. Brucculeri, Il* pensiero sociale de S. Agostino, Rom 1932; *J. Martin,* Doctrine sociale de saint Augustin, Paris 1912; *H. J. Diesner,* Studien zur Gesellschaftslehre und sozialen Haltung Augustins, Halle 1954; *S. Giet,* Les idées et l'action sociales de Saint Basile, Paris 1941; *P. Abdou,* La richesse, jouissance privée ou intendance sociale d'après saint Basile le Grand (Thèse Paris [vgl. *Hamman* (N 18), S. 15]); *S. Giet,* Le rigorisme de saint Basile, in: Revue des sciences religieuses 23 (1949), S. 333 - 342; *O. Plassmann,* Das Almosen bei Johannes Chrysostomus, Diss. Bonn 1960; *A. M. Ritter,* John Chrysostom as an interpreter of Pauline Social Ethics, in: W. S. Babcock (Hg.), Paul and the Legacies of Paul, Dallas 1990, S. 183 - 192; S. 360 - 369; *A. Stötzel,* Kirche als neue Gesellschaft = Münsterische Beiträge zur Theologie 51, Münster 1984, bes. S. 37 - 142.

so widersinnig ist, da alle Menschen von Natur aus gleich sind und nur wenig Nahrung und Kleidung zum Leben nötig haben. So bleibt ihnen nichts anderes übrig, als den Reichtum zu vergraben, um ihn zu sichern. Um wieviel sinnvoller ist es, ihn zu verschenken und sich damit einen Schatz im Himmel zu schaffen, den keine Motten zerfressen und keine Diebe stehlen können (Mt 6,19). Die Prediger appellieren an Vernunft, Einsicht und Gefühl, um die Hartherzigkeit der Reichen zu brechen und Mitleid und Erbarmen zu wecken. Sie spüren das Ärgernis, das entsteht, wenn die Gegensätze zwischen Luxus und Elend sich innerhalb der Gemeinde und in derselben gottesdienstlichen Versammlung breitmachen.[18]

Trotzdem wird die grundsätzliche Berechtigung von Eigentum und Privatbesitz nie in Frage gestellt. Zweifel bestehen lediglich bezüglich des Besitzes von Land, das unvermehrbar ist und daher grundsätzlich allen gehören sollte.[19] Barmherzigkeit, Almosengeben und Wohltun bleiben freiwillig und unterliegen kirchlicherseits keiner gesetzlichen oder irgendeiner kirchensteuerähnlichen Regelung. Bereits um die Mitte des 2. Jahrhunderts erklärt der römische Philosoph und Märtyrer Justin: *Die Wohlhabenden und Willigen geben, ein jeder nach eigenem Ermessen, soviel er will, und das Gesammelte wird bei dem Vorsteher niedergelegt* (Apol. 67). Noch genauer erklärt etwa fünfzig Jahre später Tertullian: *Wenn bei uns auch eine Art Kasse vorhanden ist, so wird sie nicht etwa durch ein Aufnahmehonorar, was eine Art Verkauf der Religion wäre, gebildet, sondern jeder einzelne steuert eine mäßige Gabe bei an einem bestimmten Tag des Monats oder wann er will, sofern er will und kann; denn niemand wird dazu genötigt, sondern jeder gibt freiwillig seinen Beitrag* (Apol. 319,5). Daran hat sich auch in nachkonstantinischer Zeit nichts geändert.[20]

---

18 Vgl. die reichhaltige Dokumentation von Väterhomilien bei *A. Hamman/St. Richter,* Arm und reich in der Urkirche, Paderborn 1964.

19 *M.-B. von Stritzky,* Grundbesitz 2 (ethisch), in: Reallexikon für Antike und Christentum 12 (1983), S. 1196 - 1204.

Man kann diese Lösung des Problems als einen faulen Kompromiß verdächtigen. Es kann als ungenügend betrachtet werden, wenn die Pflichten der Reichen auf freiwilliges Wohltun und Almosengeben reduziert werden, wenn an die Barmherzigkeit appelliert und nicht auf Gerechtigkeit bestanden wird. Man kann sich auch daran stören, daß von den Vätern als Motiv für das Almosengeben durchgängig das eigene Seelenheil des Spenders herausgestellt wird. Bei einem Urteil über die frühchristliche Lösung, die hier nur sehr unvollständig und ohne Beachtung der vielen Nebentöne wiedergegeben worden ist, sollte man gleichwohl nicht übersehen, daß die religiöse Gleichstellung, welche die Heilszukunft aller Menschen unabhängig von Nation, Stand und Geschlecht allein auf den Glauben und sonst nichts gründete, in der damaligen Umwelt eine innovatorische Befreiung von sonst üblichen Selektierungen bedeutete. Die Beliebigkeit des privaten Wohltuns durch Almosengeben wurde durch die Gemeindekaritas gemildert, die bedürftigen Gemeindemitgliedern ein Anrecht auf Hilfeleistung zugestand, für die Bischöfe und Diakone zu sorgen hatten. Hier liegen die Ansätze einer sozialen Gesetzgebung, die von den christlichen Kaisern später in den staatlichen Bereich übernommen werden konnte. Was schließlich die Spiritualisierung des Armuts- und Reichtumsbegriffs sowie den Gedanken vom rechten Gebrauch des Reichtums zum Wohl der Gemeinschaft angeht, ist zu bedenken, daß sie es allen Mitgliedern der Gemeinde ermöglichten, in der Kirche zu bleiben. Wortwörtlich genommen und an der radikalen Nachfolgeethik des Neuen Testaments gemessen, könnten sich nicht einmal die Franziskaner heutigen Zuschnitts Jünger Jesu nennen.

2. Vielleicht noch größere Mühe als die Anpassung der evangelischen Armutsforderung und des Besitzverzichts an die nachapostolischen Verhältnisse und die Bedürfnisse der wach-

---

[20] *Schöllgen,* Ecclesia sordida? (N 13), S. 299 - 311 (Literatur ebd. 299, Anm. 172); *K. Thraede,* Diakonie und Kirchenfinanzen im Frühchristentum, in: W. Lienemann (Hg.), Die Finanzen der Kirche, München 1989, S. 555 - 573.

senden Gemeinden bereitete die Befolgung des jesuanischen Liebesgebotes, das grundsätzlich niemanden ausschloß und jedem Menschen gegenüber zu beachten war. Zu deutlich hatten sich die Worte Jesu in die Erinnerung eingegraben, als daß man sie hätte vergessen oder uminterpretieren können. Jesus hatte niemanden ausgegrenzt, weder die Zöllner und Sünder aus dem eigenen Volk, noch die Heiden und Andersgläubigen, die Syrophönizierin oder den Knecht des römischen Hauptmanns. Als man ihn gefragt hatte: *Wer ist denn mein Nächster?*, hatte er mit dem Gleichnis vom Samariter geantwortet (Lk 10,30/7), das deutlich genug jede kasuistische Beschränkung der Nächstenliebe ausschloß und auch immer in diesem Sinne verstanden worden ist.[21]

Als die Jünger Jesus auffordern, die Menschenmenge heimzuschicken, damit sie nicht auf dem Wege erliegen, gebietet Jesus ihnen: *Gebt ihr ihnen zu essen!* (Mt 14,16). In der Aufbruchstimmung des Anfangs, in der Erwartung des anbrechenden Gottesreiches konnten die Apostel im Rahmen einer wunderbaren Brotvermehrung dem Befehl Jesu nachkommen. Aber schon bald nach der Himmelfahrt des Herrn, als normaler Alltag in die ersten christlichen Gemeinden einzog und die Wiederkunft des Herrn ausblieb, ließen sich mit dem Verzicht auf Broterwerb und Zukunftssicherung die anstehenden Probleme nicht lösen. Menschen sind nun einmal keine Vögel des Himmels und Lilien auf dem Felde, für die der himmlische

---

21 *E. Linnemann,* Gleichnisse Jesu, Göttingen ^{5}1969, S. 57 - 62; zur Väterauslegung vgl. *J. Daniélou,* Le bon Samaritain, in: Mélanges Bibliques. Rédigés en l'honneur de A. Robert, Paris 1955, S. 457 - 493; *W. Monselewski,* Der barmherzige Samariter. Eine auslegungsgeschichtliche Untersuchung zu Lk 10,25 - 37 = Beiträge zur Geschichte der biblischen Exegese 5, Tübingen 1967; *D. Sanchis,* Samaritanus ille. L'exegèse augustinienne de la parabole du Bon Samaritain, in: Recherches de science religieuse 49 (1961), S. 406 - 425; *G. Sfameni Gasparo,* Variazioni esegetiche sulla parabola del Buon Samaritano, in: Studi in onori di A. Ardizzoni, Roma 1978, S. 949 - 1012; *Th. Graumann,* Christus interpres. Die Einheit von Auslegung und Verkündigung in der Lukaserklärung des Ambrosius von Mailand = Patristische Texte und Studien 41, Berlin 1994, S. 353 - 362.

Vater aufkommt (Mt 6,26/9). Vor allem den Armen und Hilfsbedürftigen konnte mit solchem Trost nicht geholfen werden. Sehr nüchtern urteilt der Jakobusbrief: *Wenn ein Bruder oder eine Schwester ohne Kleidung ist und ohne das tägliche Brot und einer von euch sagt zu ihnen: Geht in Frieden, wärmt und sättigt euch!, ihr gebt ihnen aber nicht, was sie zum Leben brauchen – was nützt das?* (2,15f).

Dabei ist in diesem an eine christliche Gemeinde gerichteten Jakobuswort schon stillschweigend eine massive Einschränkung der Pflicht zur Nächstenliebe enthalten. Mit den *Brüdern und Schwestern,* von denen der Brief spricht, sind nicht im stoischen Sinn alle Menschenbrüder und -schwestern gemeint, sondern allein die Brüder und Schwestern im Glauben. Es entsprach jüdischer Tradition, in welcher der Jakobusbrief beheimatet ist, sich für die Angehörigen des eigenen Volkes verantwortlich zu fühlen.[22] Entsprechend fordert Paulus, der die ekstatischen Anfänge der Jesusbewegung in Galiläa nicht miterlebt hatte, aber ebenfalls in der jüdischen Praxis zu Hause war, nüchtern: *Tut allen Gutes, vornehmlich aber den Glaubensgenossen* (Gal 6,10).

Für eine kleine Gemeinschaft, die sich zudem in Abwehrstellung einer feindlich gesonnenen Umgebung gegenüber sieht, bedeutet eine solche Beschränkung eine sinnvolle Reduzierung der Verantwortlichkeit, die sich trotzdem als nicht unproblematisch erwies, weil sie im Grunde das unbegrenzte Maß der von Jesus geforderten Liebe auf normales Menschenmaß zurückschnitt. Innerhalb der Familie füreinander zu sorgen, ist nichts Außergewöhnliches. Wenn man sich daher, entsprechend dem Jesuswort: *Wer den Willen meines Vaters tut, der ist mir Vater, Mutter, Schwester und Bruder* (Mt 12,50), die eigene Familie aus Glaubensgenossen zusammenstellte, handelte man wie jeder andere, wenn man sich um die Brüder und Schwestern in der Gemeinde kümmerte. Es ist nicht aus der Luft

22 *W. Schwer,* Armenpflege, in: Reallexikon für Antike und Christentum 1 (1950), S. 690f.; *Bolkestein* (N 6), S. 34 - 66; *Uhlhorn* (N 5), S. 40 - 50.

gegriffen, wenn den Christen von heidnischen Zeitgenossen vorgeworfen wird, sie könnten leicht Nächstenliebe üben, wenn sie sich ihre Nächsten selbst aussuchten und sich ihre eigene Wunschfamilie schüfen.[23]

Trotzdem muß man davon ausgehen, daß schon bald, wenn in frühchristlichen Texten Hilfe und Wohltun für *andere* oder *Nächste* gefordert wird, Glaubensbrüder und -schwestern gemeint sind. Ist das nicht der Fall, wird es eigens vermerkt. So soll Markion (Mitte des 2. Jahrhunderts), der das Alte Testament verwarf, gelehrt haben, Christus gebiete, allen, die bitten, zu geben, während der Schöpfergott (des Alten Testaments) nur die Freigiebigkeit gegenüber den Brüdern im eigenen Volke gefordert habe.[24] Tertullian (gest. nach 220) bezeugt mehrmals indirekt christliche Wohltätigkeit gegenüber Heiden zumindest auf privater Ebene;[25] ob auch die Gemeindekasse für soziale Aufgaben über die Zahl der Gläubigen hinaus herangezogen wurde, bleibt unklar. Die Gemeindegelder dienen nach Tertullian *für den Unterhalt und das Begräbnis Armer, für Knaben und Mädchen, die kein Geld und keine Eltern mehr haben, und für altgewordene domestici, ebenso für Schiffbrüchige und für jene, die in Bergwerken oder auf den Inseln oder in Gefängnissen – vorausgesetzt, sie sind dort wegen ihrer Zugehörigkeit zur Gemeinschaft Gottes – als Glaubenszeugen leben müssen* (Apol. 39,6).

Die ausdrückliche Einschränkung bei Inhaftierten und Deportierten weist vielleicht darauf hin, daß die übrigen Hilfeleistungen auch Nichtchristen zugute kommen konnten. Bei Schiffbrüchigen würde es ohnehin wenig Sinn machen, sie vor

---

23 Zum Verhältnis von Glaube und Familie vgl. *E. Dassmann*, Haus 2 (Hausgemeinschaft), in: Reallexikon für Antike und Christentum 13 (1986), S. 877 - 884.

24 *W. A. Löhr*, Die Auslegung des Gesetzes bei Markion, den Gnostikern und den Manichäern, in: Stimuli. FS E. Dassmann = Jahrbuch für Antike und Christentum, Ergänzungsband 23, Münster 1996, S. 79.

25 De idolatria 22,2; vgl. *Schöllgen*, Ecclesia sordida? (N 13), S. 305.

der Rettung erst nach der Konfession zu fragen. Was die Totenbestattung angeht, bezeugt Laktanz ausdrücklich, daß sie nicht auf die eigenen Gemeindemitglieder beschränkt war. Er schreibt: *Wir werden es nicht dulden, daß das Bild und Geschöpf Gottes den wilden Tieren und Vögeln als Beute hingeworfen wird, sondern werden es der Erde zurückgeben..., und auch an einem unbekannten Menschen das Amt seiner Verwandten erfüllen, an deren Stelle, wenn sie fehlen, die Humanität tritt.*[26] Um dieselbe Zeit berichtet Eusebius in seiner Kirchengeschichte, wie sich die Christen in der furchtbaren Pest, die unter Kaiser Maximinus Daia (gest. 313) gewütet hat, bewährten: *Denn sie waren die einzigen, die in den so großen Drangsalen ihr Mitgefühl und ihre Nächstenliebe durch die Tat kundgaben. Die einen widmeten sich Tag für Tag der Pflege der Sterbenden und ihrer Bestattung – es waren deren Tausende, um die sich niemand kümmern wollte –, andere sammelten die von Hunger Gequälten aus der ganzen Stadt an einem Ort und teilten Brot unter sie aus. Ihr Tun sprach sich bei allen Menschen herum, und man pries den Gott der Christen und bekannte, daß diese allein die wahrhaft Frommen und Gottesfürchtigen seien, da ihre Werke dies bewiesen.*[27] Schließlich gibt es das unverdächtige Zeugnis des heidnischen Kaisers Julian Apostata (361/3), der beklagt: *Es ist eine Schmach, wenn von den Juden nicht ein einziger um Unterstützung nachsuchen muß, während die gottlosen Galiläer [Christen] neben ihren eigenen [Armen] auch noch die unsrigen ernähren, die unsrigen aber der Hilfe von unserer Seite offenbar entbehren müssen.*[28]

---

26 Institutiones 6,12; vgl. *A. von Harnack,* Die Mission und Ausbreitung des Christentums in den ersten drei Jahrhunderten, Leipzig [4]1924, S. 191.

27 Kirchengeschichte 9,8,13 f.; für Cyprians Hilfsaktionen bei der Pest in Karthago im Jahre 252 vgl. *K. Deuringer,* Der heilige Cyprian als Caritasbischof, in: Caritas 59 (1958), S. 258 - 260.

28 Epistula 39; vgl. *E. Dassmann,* Kirchengeschichte 2,1 = Studienbücher Theologie 11,1, Stuttgart 1996, S. 109.

Die Nachrichten, die eine Ausweitung der Nächstenliebe auf alle Menschen bezeugen, bleiben natürlich in der Minderzahl gegenüber denjenigen, die von der Karitas innerhalb der Gemeinden und der Gemeinden untereinander[29] berichten. Sie lassen nicht vergessen, daß eigentlich alle Notleidenden von der christlichen Nächstenliebe umfaßt werden müßten und die Gemeinden sich niemals sektenmäßig der Not andersgläubiger Menschen verschließen dürften. Aber daß die Christen nach Zahl und Finanzkraft in der Lage sein könnten, die soziale Not ihrer Zeit zu beheben, konnte niemand erwarten.

Die Not der Heiden und Barbaren war jedoch nicht das Problem, welches das christliche Gewissen vorrangig belastete, denn schon die auf die Glaubensgenossen beschränkte Wohltätigkeit war schwierig genug und ließ die Frage unbeantwortet, in welchem Maße den eigenen Brüdern und Schwestern Hilfeleistung gewährt werden müsse, wenn man den Jesusworten genügen und die eigenen Möglichkeiten nicht überfordern wollte. Wie sollte man mit einem Herrenwort umgehen, das unmißverständlich forderte: *Wer dich bittet, dem gib, und wer von dir borgen will, den weise nicht ab* (Mt 5,42)?[30] Ließ sich ein solches Wort interpretatorisch entschärfen oder durch eine neue Autorität der Zeitsituation anpassen?

Es ist interessant zu beobachten, wie die Didache, eine Kirchenordnung an der Wende vom 1. zum 2. Jahrhundert, versucht, der Schwierigkeit Herr zu werden. Als erstes ist festzuhalten, daß sie in ihrer aus der jüdischen Tradition aufgenommenen *Zwei-Wege-Lehre* das Wort Jesu vom uneingeschränkten Geben aus der Bergpredigt im Gegensatz zu vielen anderen aufgenommen und nicht einfach ausgelassen hat. Die

---

29 Für Aktionen zugunsten anderer Gemeinden vgl. *Harnack,* Mission (N 26), S. 205 - 220; *Dassmann,* Kirchengeschichte 1 (N 11), S. 248, 266; *Deuringer* (N 27), S. 260 - 263.

30 Ähnliche Forderungen finden sich bei Lk 6,39; Justin, Apologia 1,14 und Hermas, Mandata 2,4; vgl. *W. Schwer,* Almosen, in: Reallexikon für Antike und Christentum 1 (1950), S. 306.

Stelle lautet: *Einem jeden, der etwas von dir verlangt, gib und fordere es nicht zurück. Denn der Vater will, daß allen von seinen Gaben gegeben wird. Selig, wer gibt gemäß dem Gebot, denn er ist ohne Schuld. Wehe dem, der nimmt; wenn allerdings einer, der in Not ist, nimmt, wird er ohne Schuld sein. Wer aber nicht in Not ist, wird Rechenschaft ablegen müssen, warum er genommen hat und wozu. Ins Gefängnis geworfen, wird er verhört werden zu dem, was er getan hat, und er wird nicht eher von dort herauskommen, bis er den letzten Pfennig bezahlt hat. Aber auch dafür gilt das Wort: ‚Schwitzen soll dein Almosen in deinen Händen, bis du weißt, wem du es gibst‘* (1,5f). Die Didache nimmt sich, obwohl sie sich für ihre Anweisungen auf die Autorität der Zwölf Apostel beruft, noch nicht das Recht, die Radikalität des Herrenwortes abzumildern oder auf eine neue Situation anzuwenden. Versucht wird nur, dem Mißbrauch zu wehren. Wer gibt, ist ohne Schuld, selbst wenn seine Gabe in falsche Hände kommt. Schwere Strafe wird dagegen mit einem Bibelwort vom Schuldgefängnis (vgl. Mt 5,26) demjenigen angedroht, der die Gutmütigkeit eines Spenders ohne Not ausnützt. Aber auch der Geber wird angehalten, nicht ungeprüft zu geben. Die mit dieser Mahnung verbundene leichte Veränderung des anfänglichen Herrenwortes wird wiederum nicht gewagt ohne Berufung auf ein anderes – wohl alttestamentliches – Schriftwort vom Schwitzen des Almosens in den Händen, das allerdings nicht eindeutig identifiziert werden kann. Die Didache selbst jedenfalls maßt sich keine Rechtschöpfungskompetenz an.[31]

Es gab noch andere Herrenworte, die nach Einschätzung der Didache der Anpassung an die konkrete Situation bedurften. Seinen Jüngern hatte Jesus zugesagt: *Wer euch aufnimmt, nimmt mich auf, und wer mich aufnimmt, nimmt den auf, der*

---

31 *G. Schöllgen,* Didache = Fontes Christiani 1, Freiburg 1991, S. 32 - 36; *ders.,* Pseudoapostolizität und Schriftgebrauch in den ersten Kirchenordnungen, in: Stimuli (N 24), S. 99f.; *Schwer,* Almosen (N 30), S. 306.

mich gesandt hat. Wer einen Propheten aufnimmt, weil es ein Prophet ist, wird den Lohn eines Propheten erhalten. Wer einen Gerechten aufnimmt, weil es ein Gerechter ist, wird den Lohn eines Gerechten erhalten (Mt 10,40f). Wiederum geht die Didache so vor, daß sie am Schriftwort selbst ohne Einschränkung festhält, aber doch Erläuterungen gibt, wie es anzuwenden ist. Wenn ein Wanderapostel oder -prophet die Gemeinde besucht, ist er aufzunehmen wie der Herr, jedoch nur, wenn er korrekt lehrt, so wie es die *Zwei-Wege-Lehre* der Kirchenordnung vorschreibt. Auch soll der durchreisende Apostel oder Prophet nur einen Tag bleiben, höchstens zwei, will er drei Tage bleiben, ist er ein falscher Prophet, ebenso wenn er bei der Abreise sich nicht mit Brot als Wegzehrung begnügt, sondern Geld haben will.[32]

Entsprechende Regelungen wurden für alle durchreisenden Christen festgelegt. Für sie gilt: *Jeder, der im Namen des Herrn kommt, soll aufgenommen werden; dann aber sollt ihr ihn prüfen und euch Kenntnis über ihn verschaffen; denn ihr werdet schon wissen, was rechts und links ist. Wenn der Ankömmling auf der Durchreise ist, helft ihm, soviel ihr könnt. Er soll aber nur zwei oder, wenn es nötig ist, drei Tage bei euch bleiben. Wenn er sich aber bei euch niederlassen will und ein Handwerker ist, soll er arbeiten und sich so ernähren. Wenn er aber kein Handwerk hat, sollt ihr eurer Einsicht entsprechend Vorsorge treffen, daß ein Christ nicht müßig bei euch lebt. Wenn er sich aber nicht danach richten will, ist er einer, der mit Christus Geschäfte macht. Hütet euch vor solchen!* (Didache 12,1/5) Einzelheiten des Textes könnten noch näher erläutert werden, doch was in der Hauptsache gemeint ist, ist so klar, daß es keiner weiteren Erklärung bedarf: An dem Herrengebot, Lehrer und durchreisende Mitchristen aufzunehmen, wird nicht gerüttelt, eine unbegrenzte Beherbergung der Gemeinde jedoch nicht zugemutet.

---

32 Didache 11,1/12; vgl. *Schöllgen*, Didache (N 31), S. 55 - 64.

Man könnte den soeben angeführten Text auch unter dem Stichwort *Gastfreundschaft* behandeln.[33] Sie galt in den frühchristlichen Gemeinden als hohes Gut, führte aber ebenso zu nicht geringen Problemen, die Einschränkungen erforderlich machten. Die Sorge für fremde und zugereiste Christen war grundsätzlich eine selbstverständliche Pflicht. Kirche, *ecclesia,* bezeichnete ja von Anfang an die Gemeinschaft aller Gläubigen in der gesamten Ökumene.[34] Alle Christen waren Brüder und Schwestern, die auch als solche aufgenommen und behandelt werden sollten. Für manche Gemeinden, besonders wenn sie an belebten Reiserouten lagen, konnte das eine erhebliche Last bedeuten. So werden die Mahnungen verständlich, die schon in den neutestamentlichen Schriften auftauchen und darauf dringen, die Gastfreundschaft ja nicht zu vernachlässigen. *Helft den Heiligen, wenn sie in Not sind; gewährt jederzeit Gastfreundschaft,* heißt es da (Röm 12,13). Oder: *Seid untereinander gastfreundlich, ohne zu murren* (1 Petr 4,9). Und der Hebräerbrief gibt zu bedenken: *Vergeßt die Gastfreundschaft nicht, denn durch sie haben einige, ohne es zu ahnen, Engel beherbergt* (13,2). Der Brief denkt wohl an den Besuch der drei Männer bei Abraham unter der Eiche von Mamre und ähnliche Begebenheiten im Alten Testament.

Unbestritten war von Anfang an, daß nur der Mitchrist aufzunehmen ist. Obwohl das Wort Jesu als des endzeitlichen Richters: *Ich war fremd und obdachlos, und ihr habt mich aufgenommen* (Mt 25,35), nicht von vornherein eine solche Einschränkung nahelegt. Auch in der gegenwärtigen Exegese wird der Fremde in der Gerichtsrede Jesu in der Regel nicht auf den Glaubensgenossen reduziert.[35] In frühchristlicher Zeit wird

---

33 Dazu *O. Hiltbrunner,* Gastfreundschaft, in: Reallexikon für Antike und Christentum 8 (1972), S. 1061 - 1123; bes. S. 1103 - 1123.

34 *E. Dassmann,* Kirche, geistliches Amt und Gemeindeverständnis zwischen antikem Erbe und christlichen Impulsen, in: ders., Ämter und Dienste in den frühchristlichen Gemeinden, Bonn 1994, S. 4f.

35 Belege bei *Puzicha,* Christus peregrinus (N 2), S. 21.

dagegen nirgendwo auf die Aufnahme von Juden, Heiden oder Häretikern gedrängt. Und wenn sie nicht aufgenommen werden müssen, werden sie auch nicht Ziel christlicher Wohltätigkeit allgemein gewesen sein. Den Kirchenvätern erscheint es undenkbar, daß sich Jesus, wenn er sagt: *Was ihr für einen meiner geringsten Brüder getan habt, das habt ihr mir getan* (Mt 25,40), mit Juden, Heiden oder Häretikern identifizieren wollte. Wie sollte dann ein Christ in ihnen Christus erkennen können? Wenn man dagegen die Heiligen beherbergt und denen zu Diensten ist, die an Christus glauben, verrichtet man nicht nur ein Werk der Barmherzigkeit, sondern empfängt Christus unter seinem eigenen Dach.[36] Eigentlich beharrt nur Johannes Chrysostomus darauf, daß Wohltätigkeit und Barmherzigkeit auch gegenüber Juden und Heiden zu üben sind, selbst wenn die Rangordnung beachtet werden muß, in der – Paulus entsprechend – vorzüglich den Glaubensgenossen zu helfen ist.[37] Umgekehrt gibt es auch Verengungen wie bei Caesarius von Arles, der die Zahl der Mitchristen noch einmal einschränkt, wenn er ausführt: *Wer sind die Glaubensgenossen anders als die guten Kleriker, die Mönche und all die übrigen Diener Gottes, die die Unzulänglichkeit der Welt fliehen, für Gott frei sind und in Lesung und Gebet verharren* (Sermo 27,3).

Die überwältigende Menge der Hilfsbedürftigen bestand aber weder aus Juden, Heiden und Häretikern noch aus Klerikern und Mönchen, sondern aus den gewöhnlichen Armen, die als Witwen, Waisen, Kranke und Verkrüppelte nicht für sich selbst sorgen konnten. Wie groß ihre Zahl war, läßt sich nur schwer abschätzen. Eine zufällige Nachricht, die sich um die Mitte des 3. Jahrhunderts in dem Brief des Papstes Kornelius an seinen Amtsbruder Fabius von Antiochien erhalten hat, erhellt schlaglichtartig, daß es sich um eine erhebliche Anzahl gehandelt

---

36 So Johannes Chrysostomus, Römerbriefhomilie 30,4.

37 *Puzicha,* Christus peregrinus (N 2), S. 20f.

haben muß. Kornelius berichtet, daß zur römischen Gemeinde 1.500 Witwen und Hilfsbedürftige gehören, *welche alle die Gnade und Güte des Herrn ernährt* (Eusebius, Kirchengeschichte 6,43,11f). Der römische Bischof hatte die zivile Aufteilung der Stadt in 7 Regionen aufgegriffen und 7 Diakone und 7 Subdiakone für die Armenbetreuung eingesetzt. Leider ist die zahlenmäßige Größe der römischen Gemeinde, die zur Zeit des Kornelius noch 46 Presbyter, 42 Akoluthen sowie 52 Exorzisten, Lektoren und Ostiarier besaß, nicht genau bekannt.[38] Die Zahl der Witwen und Hilfsbedürftigen reicht immerhin aus, um verständlich zu machen, daß von Anfang an Altersangaben für die Aufnahme von Frauen in den Stand der versorgungsberechtigten Witwen aufgestellt werden. Eine Witwe muß 40, 50 oder sogar 60 Jahre alt, alleinstehend und gut beleumundet sein, wenn sie in den *ordo viduarum* aufgenommen werden und in den Genuß der Gemeindehilfe kommen will.[39]

Der Witwenregelung entsprechend lag es nahe, für alle Armen Kriterien der Hilfsbedürftigkeit und Hilfswürdigkeit aufzustellen, die in der privaten und gemeindeorganisierten Wohltätigkeit verschieden ausfallen konnten. Doch vor allem mußten sich alle Einschränkungen mit den klaren Weisungen der Heiligen Schrift vereinbaren lassen, wie sie für die Witwen von Paulus in 1 Tim 5,9f gegeben worden waren. Hier war die Exegese gefragt. Ließen sich die *Geringsten der Brüder* aus der Gerichtsrede des Herrn in Mt 25,40 nicht auf die *Armen im Geiste* nach Mt 5,3 einschränken? Denn sowenig es vorstellbar war, daß sich Christus mit Häretikern identifizierte, sowenig durfte er mit zwar armen, aber sittlich minderwertigen Subjek-

---

38 *Harnack*, Mission (N 26), S. 807, 837 - 860.

39 Neben den in den offiziellen kirchlichen Witwenstand aufgenommenen Frauen wird es weitere unterstützungsbedürftige Witwen gegeben haben; vgl. *G. Schöllgen*, Ecclesia sordida? (N 13), S. 260 - 262. Literatur zu den Witwen ebd. S. 260, Anm. 258; *J.-U. Krause*, Witwen und Waisen im Römischen Reich 4, in: Witwen und Waisen im frühen Christentum, Stuttgart 1995, bes. S. 11 - 26.

ten gleichgesetzt werden. In diese Richtung argumentiert Hieronymus. Der Herr scheint ihm *nicht allgemein von den Armen zu sprechen, sondern von denen, die arm im Geiste sind, auf die er mit ausgestreckter Hand hinwies, als er sagte: ‚Meine Brüder und meine Mutter sind diejenigen, die den Willen meines Vaters erfüllen'* (Matthäuskommentar 4,25,40). Daß manche Väter solche Exegese bedenklich fanden, bleibt deutlich spürbar.

Neben das gleichsam theologische Argument von der für die Unterstützungswürdigkeit geforderten Christusförmigkeit der Armen traten moralische Gründe, die Wohltätigkeit einzuschränken. Selbst Johannes Chrysostomus, dem an sich daran gelegen ist, falschen Entschuldigungen für unterlassene Hilfe entgegenzuwirken, muß zugeben, daß viele Betrüger und Schmarotzer an christliche Türen klopfen. Aber nicht auf Vermutung hin, sondern nur wenn man positiv weiß, daß es sich um einen Betrüger handelt, ist es erlaubt, einem Obdachlosen die Unterkunft im eigenen Hause zu verwehren und ihn ins Xenodochium zu schicken, wo sich die Gemeinde um ihn kümmern kann (Homilie zur Apostelgeschichte 45,4). Keinesfalls darf die antike Rechtsvermutung, daß ein Armer auch ein Betrüger ist, einfach übernommen werden. Ebenso können die stoische Beschränkung der Wohltätigkeit auf die Dankbaren oder der im jüdischen Schrifttum faßbare Ausschluß der Sünder kein christliches Regulativ werden.[40] Aber auch hier müssen wiederum Zugeständnisse gemacht werden, soll das Wohltätigkeitsideal praktikabel bleiben. Basilius der Große weiß sehr wohl: *Denen, die schlüpfrige Lieder für Dirnen dichten oder die mit dem Zurschaustellen ihrer Gebrechen Geld verdienen, ist eine großzügige und reichliche Unterstützung nicht zuträglich. Die Großzügigkeit wäre für sie nur Anlaß und Gelegenheit zur Schlechtigkeit* (Psalmenhomilie 14,6).

Aufs Ganze gesehen fällt es den frühchristlichen Theologen und Seelsorgern leichter, die Pflicht allgemeiner Nächstenliebe

---

40 *Puzicha,* Christus peregrinus (N 2), S. 64.

als die Notwendigkeit ihrer Begrenzung zu begründen. Wobei die motivierenden und mahnenden Aufrufe zur Wohltätigkeit nicht einfach gegen die warnenden und einschränkenden Bedenken aufgerechnet werden können. Letztere werden die Gemeindemitglieder selbst zur Genüge vorgebracht haben. Die Bischöfe und Gemeindeleiter mußten mehr um die Spenden- und Hilfsbereitschaft der Gläubigen besorgt sein als um eine ungezügelte Wohltätigkeit.[41]

3. Bei der allgemein verbreiteten Wohltätigkeit, die zu einem Markenzeichen der frühchristlichen Gemeinden und zu einem Anziehungspunkt und missionarischen Faktor ersten Ranges geworden war, stellte der Mißbrauch ein ernstes Problem dar. Ernsthaft um eine wirkliche Nachfolge Christi bemühte Gläubige befanden sich in einer schwierigen Situation, insofern ihnen jedes karitative Zögern als mangelnde Christlichkeit vorgeworfen werden konnte. Über die Problematik des Mißbrauchs seien zum Schluß noch einige Beobachtungen vorgestellt.

Sie taucht bereits in den frühesten Dokumenten auf und provoziert die schon erwähnten Warnungen in der Didache, durchreisenden Wandermissionaren und einfachen Christen nicht ohne Prüfung ihres Lebenswandels und nur für eine begrenzte Zeit Aufnahme zu gewähren.[42] Um die Mitte des

---

41 Die Dringlichkeit, mit der Kirchenführer um Almosen werben, hängt auch mit der finanziellen Situation der Gemeinden zusammen, die wiederum von der wirtschaftlichen Prosperität der Stadt beeinflußt wird. Für die unterschiedliche Intensität der Almosenwerbung bei Tertullian und Cyprian in Karthago vgl. *Schöllgen,* Ecclesia sordida? (N 13), S. 259f.; *Deuringer* (N 27), S. 325 - 330. Eine Rolle spielt auch die fortschreitende Zeit, die zu karitativen Ermüdungserscheinungen führte. Hatten sich die Christen Alexandriens im 3. Jahrhundert bei der Betreuung der Pestkranken hervorgetan (vgl. S. 23), beklagt Gregor von Nyssa, Homilie über die Liebe zu den Armen 9/15; 29, die Furcht reicher Christen, die den Aussätzigen zwar materiell helfen, aber jeden persönlichen Kontakt zu ihnen ängstlich meiden; ähnliche Vorwürfe in der Homilie von der Liebe zu den Armen (*Hamman,* Arm und reich [N 18], S. 155 - 161); *H. Brakmann,* Heilige Krankheit, in: Reallexikon für Antike und Christentum 14 (1988), S. 64f.

42 Vgl. S. 26.

2. Jahrhunderts berichtet ein heidnischer Schriftsteller, Lukian von Samosata, von einem gewissen Peregrinus Proteus, der sich in einer christlichen Gemeinde festgesetzt hatte und pflegen ließ, obwohl er ein ausgesprochener religiöser Scharlatan war (De morte Peregrini 12f). Lukians Darstellung ist zwar tendenziös zugespitzt; der Autor will mit seiner Geschichte die Gutgläubigkeit der Christen verspotten, doch falsch ist sie deswegen nicht. Allerdings dürfte in den ersten Jahrhunderten bis zur *Konstantinischen Wende,* solange die christlichen Gemeinden eine überschaubare Größe besaßen, der Mißbrauch kontrollierbar geblieben sein. Die Probleme vor allem der organisierten Karitas vergrößerten sich, als im Verlauf des 4. und 5. Jahrhunderts die Kirche verstärkten Zulauf erhielt und am Ende der Entwicklung mehr oder weniger die gesamte Bevölkerung umfaßte.

Da die von der staatlichen Regelung abgeschaute anfängliche Ordnung, jedem selbständigen *municipium* eine und nur eine bischöflich verfaßte Gemeinde zuzuordnen, bis zum Ende der Spätantike beibehalten wurde, wuchsen manche Gemeinden ins Unüberschaubare. Die bereits um die Mitte des 3. Jahrhunderts in Rom registrierten mehr als 1.500 Witwen und Hilfsbedürftigen lassen auf eine vieltausendköpfige Gemeinde schließen. Da 7 Diakone für die Armenpflege nicht mehr ausreichten, mußten ihnen 7 Subdiakone zur Seite gestellt werden. Andere Städte verzichteten auf die Beschränkung der von der Apostelgeschichte 6,5f nahegelegten Zahl von 7 Diakonen und vermehrten oder verminderten ihre Anzahl entsprechend dem lokalen Bedürfnis.[43]

Die Diakone hatten nicht nur die in Listen zusammengefaßten Hilfsbedürftigen der Stadt zu versorgen, sondern waren auch gehalten, nach verschämten Armen Ausschau zu halten, die es nicht wagten, sich zu melden und in die *matriculae pau-*

---

[43] *Uhlhorn* (N 5), S. 261; *Th. Klauser,* Diakon, in: Reallexikon für Antike und Christentum 3 (1957), S. 898f.

perum eintragen zu lassen.[44] Zur Zeit des Johannes Chrysostomus soll die antiochenische Gemeinde etwa 100.000 Christen gezählt haben, von denen nach seiner Angabe 10.000 bettelarm, 10.000 wohlhabend und der Rest ausreichend begütert waren.[45] Die Matrikel der Gemeinde zählte zu dieser Zeit allein mehr als 3.000 Witwen und Jungfrauen auf. Hinzu kamen nach Chrysostomus die vielen Gefängnisinsassen, die Kranken im Xenodochium, Aussätzige, Fremde und Bettler, die die Eingänge der Kirchen belagerten.[46] Für die Kirchenmatrikel von Alexandrien zur Zeit Johannes' des Almosengebers (gest. um 620) wird die Zahl von 7.500 Namen angegeben.[47] Die römische Matrikel füllte zur Zeit Gregors des Großen (590 - 604) ein ganzes Buch.[48]

Ob es sinnvoller gewesen wäre, die großen städtischen Bischofskirchen in auch vermögensrechtlich kleinere Pfarreien – um im heutigen Sprachgebrauch zu bleiben – aufzuteilen, braucht hier nicht erörtert zu werden. Klar ist, daß in den großstädtischen Seelsorgebezirken eine gründliche Prüfung der Hilfsbedürftigkeit einzelner Personen kaum noch möglich war und auch wohl nicht mehr angestrebt wurde. Zwar warnen die Bischöfe hin und wieder noch vor falscher Gabenverteilung. Basilius weist darauf hin, daß es großer Erfahrung bedarf, *um die zu unterscheiden, die wirklich arm sind, von denen, welche nur betteln, um Geld zusammenzubringen* (Epistula 292). Auch Ambrosius von Mailand (gest. 397) kennt die Tricks der falschen Bettler und warnt: *Nehmt euch in acht, daß nicht der*

44 Vgl. Ambrosius, De officiis ministrorum 2,15; *Uhlhorn* (N 5), S. 241.

45 *Uhlhorn* (N 5), S. 243 mit Hinweis auf den Matthäuskommentar 66,3 des Kirchenvaters.

46 *Uhlhorn* (N 5), S. 241 f.

47 Acta Sanctorum zum 23. Januar 2, 499; *K. Baus*, Johannes der Almosengeber, in: Lexikon für Theologie und Kirche 5, ^{2}1960, S. 997.

48 Nach Johannes Diaconus, Vita Gregorii 2, 28; vgl. *C. Boucaud*, Saint Grégoire le Grand et la notion chrétienne de la richesse, in: Semaine sociale de France, 11. Session, Limoges 1912, S. 455 - 471; *E. Dassmann*, Kirchengeschichte 2,1 (N 28), S. 196 f.

Teil, der den Bedürftigen gehört, eine Beute von Schurken wird (De officiis 2,10). Aber dann schwenkt er – wie viele andere – um und gibt zu bedenken, daß die Liebe nicht erst lange abwägt und vor allem darauf sieht, der Not zu Hilfe zu kommen (De Nabuthe 8). Ganz ähnlich meint Gregor von Nazianz: *Es ist besser, um derer willen, die würdig sind, auch den Unwürdigen zu geben, als, indem wir fürchten, wir könnten Unwürdigen etwas geben, die Würdigen um ihre Wohltat zu bringen* (Oratio 19). Schwerwiegender als mißbrauchte Wohltätigkeit erschien den Bischöfen, aus übergroßer Vorsicht wirkliche Not zu übersehen. Gregor der Große soll sich tagelang gegrämt und als Mörder gefühlt haben, weil zu seiner Zeit in Rom ein Armer verhungert war.[49]

Das Mißbrauchsproblem stellt sich im 4. und 5. Jahrhundert anders dar, als man zunächst annehmen möchte. Die Bischöfe waren offenbar weder in der Lage, noch bestand die Notwendigkeit, wenn sie ihre karitativen Aufgaben durchführen wollten, alle Almosenempfänger sorgfältig zu prüfen. Denn inzwischen war die Kirche reich geworden. Die Bischöfe waren längst nicht mehr auf die Gaben angewiesen, welche die Gläubigen sonntags zum Gottesdienst mitbrachten und auf dem Altar niederlegten. Staatliche Zuwendungen, eigenes Vermögen und vor allem reiche Erbschaften hatten ihnen erhebliche finanzielle Mittel in die Hand gegeben.[50] Über die Motive der Erblasser, die sich möglicherweise nach dem Tod die Verdienste erwerben wollten, denen sie im irdischen Leben sorgfältig aus dem Weg gegangen waren, über verschwenderische und geizige Bischöfe und Kleriker, die es auch gegeben haben wird, könnte

49 Johannes Diaconus, Vita Gregorii 6, 29.

50 Vgl. *H. Krumpholz*, Über sozialstaatliche Aspekte in der Novellengesetzgebung Justinians, Diss. Bonn 1992; *K. L. Nöthlichs*, Justinian, in: Reallexikon für Antike und Christentum 18 [erscheint demnächst]; *E. Bruck*, Kirchenväter und soziales Erbrecht, Berlin/Göttingen/Heidelberg 1956; *P. Landau*, Kirchengut, in: Theologische Realenzyklopädie 18 (1989), S. 560 - 575; *Georg Klingenberg*, Kirchengut, in: Reallexikon für Antike und Christentum [erscheint demnächst].

manches Kritische gesagt werden. Aber generell trifft zu, daß die Bischöfe großer Gemeinden zu den Wohltätern ihrer Städte aufgestiegen sind. Sie wissen und akzeptieren, daß Kirchengut als Armengut gilt, das ihrer persönlichen Nutzung entzogen ist.[51] Sogar die bei der Liturgie benutzten heiligen Gefäße sind Armengut, das für Gefangenenloskauf oder bei bestimmten Notlagen verkauft werden kann.[52] Die Bischöfe können kein Kirchengut vererben und brauchen es auch nicht, da sie zunehmend familienlos leben. Ohne Ansehen der Person übernehmen sie die Versorgung der mittellosen Stadtbevölkerung. Bei Armenküchen und Lebensmittelverteilung, wie sie jetzt üblich und notwendig werden, ließen sich keine Bedürftigkeits- und Würdigkeitsproben mehr anstellen. Man ging – wohl nicht zu Unrecht – davon aus, daß an dieser beschämenden Form der Armenversorgung nur teilnahm, wer auf sie angewiesen war. Gregor der Große ließ alle Monate Korn, Öl, Wein und Fleisch austeilen; Wagen fuhren durch die Straßen, um die durch Seuchen und Kriegsnot verelendete Bevölkerung notdürftig zu versorgen.[53] Vielfach trat der Bischof an die Stelle des Kaisers oder der staatlichen Behörden, um das städtische Leben in Gang zu halten.

Natürlich ließ sich mit solchen Notmaßnahmen kein System sozialer Gerechtigkeit errichten. Die kirchliche Verkündigung vermochte die Reichen – und von wichtigen Ausnahmen abgesehen auch die christlichen Reichen – nicht zu einer grundsätzlich anderen Haltung gegenüber Obdachlosen und Bettlern zu bewegen. Angehörige der Oberschicht fühlten sich durch die

---

51 Hinweise für diese Auffassung bei *Uhlhorn* (N 5), S. 258. Spätere Regelungen, welche die kirchlichen Einkünfte auf Bischof, Kirche/Kleriker und Arme aufteilen, ergehen durch die Päpste *Simplicius,* Epistula 1,2 und *Gelasius,* Epistulae 14,25; 15f.; Fragmente 23f. Vorbilder sozialer Verantwortung unter den südgallischen Bischöfen beschreibt *R. Nürnberg,* Askese als sozialer Impuls = Hereditas 2, Bonn 1988, S. 206 - 269.

52 Beispiele bei *Uhlhorn* (N 5), S. 258; für Gregor vgl. *J. Richards,* Gregor der Große, Graz 1983, S. 105.

53 *Richards* (N 52), S. 102f.

Bettler belästigt und warfen ihnen Müßiggang und aggressives Verhalten bei ihrer Bettelei vor. Allerdings ist es naiv, aus den massiven Mahnungen und Anklagen, welche die Bischöfe an die Adresse der Reichen richten, zu schließen, durch das Wirken der Kirche habe sich tatsächlich und mentalitätsmäßig nichts geändert.[54] Die bischöflichen Mahn- und Bußpredigten der Zeit kann man für solche Vorwürfe nur bedingt ins Feld führen; sie bilden ein besonderes *genus literarium,* aus dem sozialgeschichtliche Rückschlüsse nur behutsam gezogen werden können.

Entsprechend schwierig läßt sich die Tatsache beurteilen, daß die Zahl der Bettler in spätantiker Zeit wächst und erst im 4. Jahrhundert, das heißt in christlicher Zeit, die ersten Gesetze ergehen, die das Betteln verbieten. So bestimmt ein theodosianisches Gesetz, daß erst nach Untersuchung von Stand, Gesundheit und Alter jemand die Bettelerlaubnis erhält, wenn seine Arbeitsunfähigkeit festgestellt worden ist. Wer arbeitsfähig ist und trotzdem bettelt, verliert die Freiheit.[55]

Man hat gefragt, hängt die Zunahme der Bettelei mit wachsenden Bevölkerungszahlen, mit wirtschaftlicher Verschlechterung oder am Ende sogar mit der christlichen Liebestätigkeit zusammen, die arbeitsscheuen Zeitgenossen die Sorge um den Lebensunterhalt abnahm? Die Antworten sind vielfältig, Ursachenerhebung und Schuldzuweisungen nicht selten tendenziös gefärbt, weil ein sicheres Urteil über das Ausmaß der sozialen Not kaum zu gewinnen ist. Wenn Johannes Chrysostomus meint, alle hätten genug, wenn jeder Wohlhabende einem Armen nur ein Brot reichen würde, und wenn jeder einen

---

[54] Eine differenzierte Beurteilung der institutionalisierten kirchlichen Wohltätigkeit findet sich bei *R. Volk,* Gesundheitswesen und Wohltätigkeit im Spiegel der byzantinischen Klostertypika = Miscellanea Byzantina Monacensia 28, München 1983, S. 28 - 32; mehr negativ urteilt *J.-U. Krause,* Klassen (Gesellschaftsschichten), in: Reallexikon für Antike und Christentum [erscheint demnächst].

[55] *Uhlhorn* (N 5), S. 264f.

Heller schenkte, gäbe es keine Armen mehr, scheint die Armut kein unlösbares Problem gewesen zu sein.[56] Andererseits können Hungersnöte zeitlich und räumlich begrenzte Versorgungsengpässe hervorgerufen haben, die dann aber nicht nur ein paar Bettler, sondern weitere Bevölkerungsschichten trafen[57]. Jedenfalls wird man die Armut in der spätantiken mediterranen Welt nicht mit der Verelendung der Bevölkerung in afrikanischen Dürregebieten oder südamerikanischen Favelas vergleichen dürfen. Augustinus kann – gewiß nicht aus Hartherzigkeit – in seinen Predigten mit feiner Ironie die nie verstummenden Klagen der Armen bedenken.[58] Eine Mitverantwortung der Kirche an den insgesamt wohl nicht zu leugnenden desolaten sozialen Verhältnissen vor allem im Westen gegen Ende des Imperiums mag durchaus gegeben sein. Auf der einen Seite ist es ihr in den wenigen Generationen, in denen sie das gesellschaftliche Leben mitgestalten konnte, nicht gelungen, diese Gesellschaft vom Evangelium her so umzugestalten, daß sich eine wirkliche soziale Gerechtigkeit hätte durchsetzen und übergreifend institutionalisieren können. Zum anderen muß durchaus damit gerechnet werden, daß karitative Hilfe, die es in diesem Umfang bisher nicht gegeben hatte, mißbraucht worden ist. Die Erfahrung, daß engagierte Hilfe von seiten Dritter die Eigeninitiative nicht unbedingt fördert, läßt sich bis heute machen.

---

56 Homilie in Mt 85(86),4 (PG 58,762f.); vgl. *Puzicha* (N 2), S. 38; für Italien vgl. *Ch. Pietri*, Les pauvres et la pauvreté dans l'Italie de l'Empire Chrétien (IVe siècle), in: Miscellanea historiae ecclesiasticae 6, Bruxelles 1983, S. 267 - 300.

57 Reichhaltiges Material bei *H. P. Kohns*, Hungersnot, in: Reallexikon für Antike und Christentum 16 (1994), S. 828 - 893.

58 Vgl. *F. van der Meer*, Augustinus der Seelsorger, Köln 1951, S. 172 - 176.

III.

Mit diesen Ausführungen ist das Thema *Nächstenliebe unter den Bedingungen der Knappheit in frühchristlicher Zeit* natürlich bei weitem nicht erschöpfend behandelt. Die Hauptschwierigkeit einer historisch angelegten Untersuchung besteht in der Fülle des Materials. Die Entwicklungen von annähernd 6 Jahrhunderten müßten beachtet, die unterschiedlichen Ausprägungen des Phänomens im Westen und im Osten, die privaten und organisierten Initiativen unterschieden werden. Das alles läßt sich im Rahmen eines Vortrags nicht leisten. Hier konnten nur anhand ausgewählter Quellen einige Streiflichter auf die gestellte Frage gelenkt werden. Daß ihre Auswahl, die im ersten Teil mehr Zeugnisse aus der Früh- und Verfolgungszeit der Kirche, im zweiten Teil mehr aus der Zeit nach der *Konstantinischen Wende* angeführt hat, fair getroffen worden ist, läßt sich im hier vorgegebenen Rahmen ebenfalls nicht beweisen und krankt zudem daran, daß die Erforschung der frühchristlichen Karitas- und Sozialgeschichte noch viele weiße Flecken aufweist. Ich hoffe, trotz dieser Vorbehalte ist einigermaßen deutlich geworden, daß das von Christus in einer überraschenden und unableitbaren Weise verkündete Gebot der Nächstenliebe in seiner uneingeschränkten Geltung und gesellschaftsverändernden Kraft nur eingeschränkt und unvollkommen verwirklicht worden ist und in dieser Weltzeit wohl auch nur in mühsam errungenen und immer wieder gefährdeten Annäherungen verwirklicht werden wird.

„Nicht alle Menschen werden Brüder"

Unterscheidung als praktische Bedingung von Solidarität. Eine rechtsphilosophische Erwägung in praktischer Absicht

Von Otto Depenheuer

I. „Alle Menschen werden Brüder"

„Alle Menschen werden Brüder" – in diesem berühmtesten Vers aus Friedrich Schillers 1785 verfaßter „Ode an die Freude" feiert der Gedanke menschheitsumspannender Humanität einen seiner größten literarischen Triumphe, wenige Jahre bevor er im Zuge der französischen Revolution in der Formel von der „Freiheit, Gleichheit und Brüderlichkeit"[1] die politische Weltbühne betrat. Dieses Grundgesetz der Gleichheitsgesellschaft[2] traf den Nerv nicht nur seiner Zeit: in Gestalt von Beethovens[3] genialischer Vertonung im Finalsatz der 9. Symphonie avancierte Schillers Diktum gar zur „Europahymne".[4]

---

1 Vgl. *Artur Greive,* Die Entstehung der französischen Revolutionsparole Liberté, Egalité, Fraternité, in: Deutsche Vierteljahresschrift für Literatur und Geistesgeschichte 43 (1969), S. 726ff.; *Fritz Werner,* Aus der Geschichte des Prinzips der Brüderlichkeit, in: FS Adolf Arndt, 1969, S. 436ff.

2 Grundlegende Analyse: *Walter Leisner,* Der Gleichheitsstaat, 1980.

3 Die Ode Schillers löste sogleich begeisterte Resonanz aus, wie sich u.a. an den über 100 Vertonungen ablesen läßt, die sie anregte. Vgl. Schillers Werke, Nationalausgabe, 2. Bd., Teil II A, 1991, S. 149.

4 Rechtsgrundlage der Europahymne ist ein Beschluß der Außenminister der *Europäischen Union* vom 21./22.4.1986, nach dem bei europäischen Anlässen die Musik – ohne Text – der „Ode an die Freude" aus dem vierten Satz von Beethovens 9. Symphonie gespielt werden solle (vgl. Bull. EG 4-1986, Ziff. 2.1.81, S. 54f.). Dabei griffen sie zurück auf einen Beschluß der

Schillers Freiheits- und Gleichheitspathos zielte in erster Linie auf das Niederreißen von Standesschranken.[5] Damit ist auf einer ersten Bedeutungsebene das Gebot der Rechtsgleichheit formuliert, das juristisch relativ einfach zu verwirklichen ist. So bestimmte bereits Art. 1 der französischen Verfassung von 1791 lapidar: „Die Menschen sind und bleiben von Geburt frei und gleich an Rechten." Noch schlichter formuliert das Grundgesetz: „Alle Menschen sind vor dem Gesetz gleich" (Art. 3 Abs. 1 GG).[6] Das Verbot, von Rechts wegen zwischen Menschen nach Geschlecht, Rasse, Hautfarbe etc. zu unterscheiden, markierte am Ende des 18. Jahrhunderts brennpunktartig einen Epochenwandel: den Übergang von der mittelalterlichen zur neuzeitlichen, von der schichtorientierten ständischen zur funktionsorientierten dynamischen Gesellschaft.

Doch die Maxime der Gleichheitsgesellschaft hat ihre Logik: sie beginnt mit der Rechtsgleichheit, begnügt sich aber nicht mit ihr. Nachdem der Zauber der „Töchter aus Elisium" wieder gebunden hatte, „was die Mode streng getheilt", blieb als einzig zulässiges rechtliches Differenzierungskriterium die Leistung der Menschen übrig. Entsprechend stellte der bereits genannte Art. 1 der französischen Verfassung von 1791 der Garantie der Rechtsgleichheit eine Differenzierungsklausel zur Seite: „Soziale Unterschiede dürfen nur im gemeinen Nutzen begründet sein." In der Folge der damit freigesetzten Wettbewerbsgesellschaft taten sich alsbald soziale Unterschiede auf, wie sie sich in diesem Umfang die Nationalversammlung sei-

Beratenden Versammlung des Europarates vom Juli 1971 und des Ministerrates des *Europarates* vom Januar 1972, die für den Zuständigkeitsbereich des Europarates das Vorspiel zur „Ode an die Freude" aus der 9. Symphonie von Beethoven in der musikalischen Bearbeitung von Herbert von Karajan als Europahymne angenommen hatte (vgl. ABl. der EG vom 15.2.1993, Nr. C 40/22 und vom 3.4.1995, Nr. C 81/28f.).

5 So lautete die erste Lesart des Verses: „Bettler werden Fürstenbrüder". – Vgl. im übrigen: *W. Klötzer,* Zu Schillers „Lied an die Freude", 1894.

6 Vgl. dazu jüngst: *Paul Kirchhof,* Die Verschiedenheit der Menschen und die Gleichheit vor dem Gesetz, 1996.

nerzeit wohl kaum hatte vorstellen können.[7] Das Aufbrechen der Kluft zwischen Besitzbürgertum und verelendendem Proletariat stand Pate bei der Herausbildung derjenigen politischen Ideologien,[8] die bis in die Gegenwart hinein das politische Denken und Handeln zentral und fundamental prägten. In politisch und terminologisch vielfältigen Variationen – von Lorenz von Steins Visionen eines sozialen Königtums bis zu Karl Marx' Gespenstervisionen – lautete der Tenor einer der politisch wirkmächtigsten Antworten auf die soziale Frage: „Brüderlichkeit“, soziale Gleichheit, Solidarität, oder: „Einer für alle, alle für einen“.[9]

Das war weit mehr als die Idee liberaler Rechtsgleichheit. Mit der Brüderlichkeit, „dem dritten, fast vergessenen Ideal der Demokratie“,[10] machte der soziale Gleichheitsstaat seinen Anspruch geltend. Dieser zielt über die rechtliche Gleichheit hinaus auf faktische Egalität.[11] Die juristische Vermittlung sozialer Gleichheit über ein objektives Sozialstaatsgebot[12] oder subjektive Grundrechte auf Teilhabe[13] sind geläufiger als der verteilungspolitische Wirkungsmechanismus der Maxime

---

7 Sozialhistorische Übersicht: *Thomas Nipperdey,* Deutsche Geschichte 1866 - 1918, Bd. 1, ^{2}1991, S. 287ff., 291ff., 414ff. (Bibl. S. 849ff.).

8 *Panajotis Kondylis,* Konservativismus, 1986; *ders.,* Die Antiquiertheit der politischen Begriffe, in: FAZ vom 5.10.1991, S. 8.

9 Zum Begriff der Solidarität: *Otto Depenheuer,* Solidarität im Verfassungsstaat. Grundzüge einer normativen Theorie der Verteilung, Habilitationsschrift, Typoskript, Bonn 1992, S. 13ff. m.w.N.

10 *Herbert Krüger,* Das dritte, fast vergessene Ideal der Demokratie, in: FS Theodor Maunz, 1971, S. 250ff.

11 Erste Analyse der Logik des Gleichheitsstaates: *Alexis de Tocqueville,* Über die Demokratie in Amerika, 2. Teil [1840], dt. Ausgabe (hg. v. Jacob P. Mayer), 1976, S. 581ff.

12 Vgl. zum Sozialstaatsgebot des GG: *Hans F. Zacher,* Das soziale Staatsziel, in: Josef Isensee/Paul Kirchhof (Hg.), Handbuch des Staatsrechts = HStR, Bd. I, ^{2}1995, § 25.

13 Zu Gehalt und rechtspolitischer Diskussion sozialer Grundrechte: *Dietrich Murswiek,* Grundrechte als Teilhaberechte, soziale Grundrechte, in: HStR Bd. V, 1992, § 112 Rn. 40ff.

„Brüderlichkeit“: diese zielt ab auf eine materiale Verteilungsgerechtigkeit, die zu der prozeduralen des Marktes konträr ist.

Unter Brüdern und Genossen gelten andere, moralisch begründete Verteilungsgesetze als unter Dritten. Hier steht nicht die Funktion im Vordergrund, sondern die Person; nicht, was einer leistet, ist Maßstab der Verteilung, sondern was einer ist; hier bildet nicht das individuelle Interesse an einer Gegenleistung das Handlungsmotiv, sondern die solidarische Hilfe, die auf unmittelbare und uneigennützige Befriedigung eines Bedürfnisses zielt. Hier ist nicht kalte egoistische Gesellschaft, sondern wärmende Gemeinschaft; nicht Vereinzelung der Glieder, sondern Geborgenheit. Unter Brüdern wird nach Bedarf solidarisch geteilt, mit Dritten werden Geschäfte gemacht: darin unterscheidet sich Gemeinwirtschaft von Privatwirtschaft.

II. Die Geburt des Universalismus im Provinzialismus

Die Idee der allgemeinen Menschengleichheit – sowohl in ihrer rechtlichen wie in ihrer sozialen Dimension – war in ihrer neuzeitlichen Ausprägung von Anfang an auf Universalität hin angelegt: „*Alle* Menschen werden Brüder“.[14] In der Realität hingegen brauchte diese Universalität zunächst nicht eingelöst zu werden. Im 18. Jahrhundert bildete es keine realistische Perspektive, daß wirklich *alle* Menschen Brüder werden könnten: die Kommunikationsverhältnisse waren einfach nicht derart. Die meisten Menschen wußten von den soeben zu neuen „Brüdern“ erkorenen Mitmenschen jenseits des eigenen Lebenskreises nur von Reisebeschreibungen: Fremde waren Gegenstand kultureller Neugier, Partner kommerziellen Handels, Zielgruppe christlicher Mission oder staatlicher Kolonisation. Das Schillersche „Seid umschlungen, Millionen!“ war

---

[14] Vgl. zur Rechtsidee der Gleichheit aller Menschen: *Paul Kirchhof*, Der allgemeine Gleichheitssatz, in: HStR Bd. V, 1992, § 124 Rn. 46ff.

reine Poesie, schwärmerische Politik – als praktische Maxime unbrauchbar: schon den Zweiten „mitzuumschlingen“ bereitet Schwierigkeiten.

Zunächst vermochte das Postulat einer universalen Menschengleichheit – entgegen seiner universalen Zielrichtung – praktische Wirkung also allein im staatlichen Binnenbereich zu entfalten. Doch auch dort standen ihm noch vielfältige, historisch kontingente Vermittlungen real im Wege: die Throne und Stände, Religionen und Korporationen, Geschlechter und Familien in den Alten Reichen. Allerdings gerieten diese nach und nach unter den immer stärkeren Druck rationaler Rechtfertigung. Der rational-aufgeklärte Geist[15] ließ traditional überkommene Einrichtungen nicht mehr gelten, es sei denn, sie legitimierten sich vor dem Forum der Vernunft und konnten von selbstbewußten Individuen anerkannt werden. Auf Dauer konnten nur wenige überkommene Institutionen diesem Rechtfertigungsdruck standhalten:[16] so vermochte die Idee demokratischer Gleichheit allmählich ständische Schranken und andere historische Vermittlungen aufzubrechen und zu egalisieren.

Einzig der Typus des modernen Nationalstaates blieb bis in die Gegenwart weitgehend resistent gegenüber den Zumutungen des Universalismus. Den einzig effektiven Garantieraum für die Realisierung des Gleichheitsgebots bildet bis heute der partikulare Nationalstaat, obwohl gerade er sich rational nicht erklären läßt:[17] die Allgemeinheit des Gesetzes (Art. 19 Abs. 1 GG) und die Gleichheit aller Menschen vor dem Gesetz (Art. 3 GG) wirken grundsätzlich nur für diejenigen, die sich im Gel-

---

15 Analyse: *Ernst Cassirer,* Die Philosophie der Aufklärung, [1932], 1973; *Panajotis Kondylis,* Die Aufklärung, 1981.

16 *Depenheuer* (N 9), S. 282 ff.

17 Insbesondere die zahlreichen – historischen wie modernen – Staatsvertragslehren vermögen nur Staatlichkeit „an sich“ zu begründen, nicht aber das Pluriversum der Staaten und in ihm den konkreten Staat. Dazu eingehend: *Depenheuer* (N 9), S. 236 ff., 250 ff.

tungsbereich des Grundgesetzes aufhalten.[18] Insbesondere aber setzt die Teilhabe an den Segnungen des Sozialstaats eine – territoriale und/oder personale – Beziehung zu Deutschland voraus; den Armen in den Katastrophengebieten der Welt verspricht das Sozialstaatsgebot des Grundgesetzes nichts. Vor dem universalen Gebot der allgemeinen Menschengleichheit ist das nicht zu rechtfertigen.[19]

Doch im Zeitalter der Globalisierung sieht sich der Staat zunehmend universal formulierten sozialethischen und menschenrechtlichen Ansprüchen gegenüber, die über seine Territorial- und Personalhoheit hinausreichen:[20] der menschenrechtliche Universalismus scheint als gemeinsamer Nenner einer sich selbst bewußt werdenden Weltgesellschaft zu fungieren. Entsprechend werden solidarische Beistandspflichten als „unteil-

---

[18] Vgl. *Hasso Hofmann,* Die versprochene Menschenwürde, in: AöR 118 (1993), S. 353 (365f.); *Helmut Quaritsch,* Der grundrechtliche Schutz des Ausländers, in: HStR Bd. V, 1992, § 120; *Markus Heintzen,* Auswärtige Beziehungen privater Verbände, 1987, S. 96ff.

[19] Bemerkenswert und tieferer Reflexion bedürftig ist der Strukturwandel der Rechtfertigungslast in Ansehung des Gleichheitssatzes vom Mittelalter zur Neuzeit: während heute jede Ungleichheit gerechtfertigt werden muß vor dem Anspruch allgemeiner Menschengleichheit, mußte im Kontext der mittelalterlichen Welt hingegen die Gleichbehandlung gerechtfertigt werden vor der rechtmäßigen Verschiedenheit der Menschen. So geht exemplarisch Papst Gregor der Große (540 - 604) in seinem Kommentar zum Buch Hiob (Moralia, in Job XXI, 15,22 [PL 76, S. 203]) davon aus, daß die Natur alle Menschen in gleicher Weise geschaffen habe. Doch die politische Ordnung war als Folge des Sündenfalls durch diversitas (Verschiedenheit) gekennzeichnet: durch diesen ist die menschliche ebenso wie die übrige Natur so verändert worden, daß nunmehr die Verschiedenheit die rechtmäßige Ordnung Gottes auf Erden darstellt: mittels der Obrigkeit sucht Gott die Sünde zu bekämpfen und zu vernichten.

[20] Besonders wirkmächtig das Prinzip der allgemeinen Menschengleichheit in den Mittelpunkt der theoretischen Konzeption stellend etwa: *Jürgen Habermas,* Die Einbeziehung des Anderen, 1996, S. 11ff.; *Ronald Dworkin,* Bürgerrechte ernstgenommen, [1977], dt. 1990; *John Rawls,* Eine Theorie der Gerechtigkeit, 1975. – Kritisch dazu: *Winfried Brugger,* Menschenrechte von Flüchtlingen in universalistischer und kommunitaristischer Sicht, in: ARSP 80 (1994), S. 318 (322ff.). – Grundsätzliche Problemanalyse: *Panajotis Kondylis,* Planetarische Politik nach dem Kalten Krieg, 1992, S. 105ff.

bar", Solidarität mit „allen Menschen dieser Welt, insbesondere mit den Benachteiligten und den Schwachen" als die „Kernfrage nach der Zukunft unserer Welt" erklärt.[21] Von hier ist es kein weiter Weg zu den bekannten Fassadenparolen: „Asylrecht ist Menschenrecht" oder „Bleiberecht für alle [sc. Asylbewerber]", denen konsequenterweise – als Triumph der universalen Idee – ein „Einreiserecht für alle" an die Seite gestellt werden müßte.[22] Im Hintergrund dieser Forderungen steht die Auffassung, daß alle Menschen gleiche Rechte aufgrund ihrer bloßen Eigenschaft als Menschen besitzen, d.h. daß sie diese unabhängig von ihrer Herkunft oder anderen Voraussetzungen, überall auf der Erde am Ort ihrer freien Wahl genießen sollen dürfen. Freilich bereitet die Realisierung derart verstandener menschenrechtlicher Ansprüche unter den Bedingungen der Globalisierung einige praktische Probleme.[23]

Daß „alle Menschen Brüder werden", sagt sich gut und ziemlich unverbindlich in Zeiten, in denen man ziemlich sicher sein konnte, nicht beim Wort genommen werden zu können. Doch diese Zeiten, in denen man unschuldig-naiv die allgemeine Menschengleichheit in dem sicheren Bewußtsein postulieren konnte, sie real nicht einlösen zu müssen, sind fürs erste und vermutlich auf lange Zeit vorbei: der neuzeitlichen Universalisierung der Werte folgte die postmoderne Globalisierung der Verhältnisse. Das provoziert natürlich zu der Frage: Konnte sich die Idee weltumspannender Brüderlichkeit historisch vielleicht nur deswegen so universal geben, weil sie praktisch nur provinziell wirksam werden konnte? Erklärte man nur deswegen vollmundig „alle Menschen" zu Brüdern, weil man sicher sein konnte, daß diese durch Kulturen geschieden, durch Sprachen getrennt und säuberlich nach Staaten geteilt brüderliche

21 So etwa jüngst der Generalsekretär des Zentralkomitees der Deutschen Katholiken *Kronenberg*, vgl. FAZ vom 23.8.1996.

22 So in der Tendenz *Rawls* (N 20). – Vgl. dazu *Brugger* (N 20), S. 322.

23 *Kondylis* (N 20), S. 114.

Hilfe nicht einfordern oder gar selbst jenseits der eigenen Grenzen, also z. B. in Deutschland, geltend machen konnten?

III. Globalisierung als Ernstfall universaler Solidarität

Die Globalisierung von Wirtschaft und Verkehr, Kommunikation und Kultur, d. h. nahezu sämtlicher Lebens- und Kulturbereiche hat uns die Brüder dieser Welt nicht nur ideell, sondern auch real näher gebracht. Das Schicksal in den entferntesten Gegenden der Welt wird praktisch zeitgleich via diverser Medien in jeden privaten Haushalt geliefert.[24] Der unschuldige Rückzug auf die Position, „man habe es nicht gewußt", ist für immer verstellt: im Zeitalter totaler Öffentlichkeit kann jeder alles wissen. Die Armut in der vormaligen Dritten Welt, die heute nur noch die „Eine" sein darf, Kriege, Flucht und Leid, Seuchen und Gewalt können uns nicht mehr kalt lassen, wenn diese anderen Menschen nicht „Fremde", sondern unsere Brüder sind. Zugleich werden die Grenzen der Staaten – die geographischen wie die politischen – unumkehrbar faktisch wie rechtlich durchlässiger. Unwiderstehlich und unübersehbar drängen sich dadurch die Folgen der Globalisierung in das tägliche Leben des saturierten Deutschlands: in Folge zunehmender, globaler, durch Kriege, Hunger und Armut veranlaßter Migrationsbewegungen drängen die Brüder aus aller Welt – sei es legal als Gastarbeiter, Flüchtling oder Asylbewerber, sei es illegal mittels Schlepperbanden – in die Staaten des Wohlstands. Tatsächlich ist die Entwicklung an dem Punkt angelangt, an dem – um mit Kant zu sprechen – „die Rechtsverlet-

[24] Vgl. schon *Hannah Arendt,* Es gibt nur ein einziges Menschenrecht, in: Die Wandlung IV, 1949, S. 754 (767): „Andererseits aber ist *die Menschheit,* die dem Menschen des 18. Jahrhunderts nicht mehr als ein Begriff und ein Ideal war, für uns zu einer harten und unausweichlichen Tatsache geworden."

zung an einem Platz der Erde an allen gefühlt wird“.[25] Diese Faktizität stellt die Universalität der Werte vor eine zuvor nie gekannte Herausforderung: die Erste Welt beginnt sich vor den Folgen ihres menschenrechtlichen Universalismus zu fürchten.[26]

Auf die universale Brüderlichkeit und postmoderne Nähe aller Menschen reagierten die Staaten des reichen Westens zunächst mit Entwicklungshilfe, humanitären Spendenaktionen sowie vielfältigsten Hilfen staatlicher, kirchlicher und gemeinnütziger Art.[27] Das mit dem Makel des nationalsozialistischen Unrechts befleckte Deutschland ging mit besonders gutem Beispiel voran, offerierte den Brüdern in der Welt zudem ein großzügiges Asylrecht und eine noch großzügigere Asylpraxis, und eine Zeitlang schien es, es möchte sich am liebsten gar in die Menschheit hinein auflösen. Jenseits aller vordergründigen Begründungen stand im Hintergrund aller solidarischen Hilfe das Unterscheidungsverbot zwischen „Brüdern“, verbunden mit der quälenden Frage: Darf es uns gutgehen, wenn es anderen so viel schlechter geht?

Aber selbst humanste Gesinnung, tatkräftigste Abbitte und inbrünstigste Menschenliebe vermögen das Faktum knapper Mittel nicht zu überspielen. Das konnte ansatzweise in Zeiten ständig steigenden Wohlstandes gelingen, in denen Ansprüche aus einer immer größeren Verteilungsmasse befriedigt werden konnten; doch diese Zeiten sind bekanntlich vorbei. Sowohl globale als auch innerstaatliche Brüderlichkeit werden in Zukunft bewirtschaftet werden müssen. Unvermittelte Solidarität aller mit allen ließe die Reichen schnell verarmen und

---

25 *Kant,* Zum ewigen Frieden [1795], Dritter Definitivartikel, in: Cassirer-Ausgabe, Bd. 6, 1914, S. 446.

26 Theoretischer Problemaufriß: *Ludger Kühnhardt,* Die Universalität der Menschenrechte, 1987, S. 279ff.

27 Vgl. zur gegenwärtigen Legitimationskrise der Entwicklungspolitik *Peter Molt,* Es geht um menschenwürdiges Leben in Armut, in: FAZ vom 18.10.1996, S. 11.

brächte den Armen – und das auch nur vorübergehend – wenig. Ebensowenig wie Deutschland die ganze Welt mit den Segnungen des Sozialstaates beglücken kann, können alle Brüder dieser Welt in Deutschland ihr Glück finden: die Sozialhilfe reicht nicht für die Armen der Welt.

IV. Notwendigkeit der Unterscheidung

Die allgemeine Problemstruktur des genannten Sachverhaltes läßt sich wie folgt umschreiben: gerade in dem Zeitpunkt, in dem die Welt immer enger miteinander verknüpft ist, in dem man sie erstmals real als *global village* erfahren kann, in dem die Globalisierung der Verhältnisse zur längst postulierten Universalität der Werte aufzuschließen beginnt und diese damit erstmals auch real als einlösbar erscheinen, in diesem Zeitpunkt erweist sich die Universalität der Werte praktisch als brüchig,[28] weil sich die universale und allgemeine Idee knappheitsbedingt notwendigen Unterscheidungen entzieht. Es läßt sich nun einmal vor der Idee universaler Solidarität nicht begründen, warum es den Brüdern in anderen Ländern der „Einen Welt" schlechter gehen soll als uns. „Der Universalismus kennt keine Differenz von Nähe und Ferne; er ist unbedingt und abstrakt. Die Idee der Menschenrechte erlegt jedermann eine Verpflichtung auf, die prinzipiell grenzenlos ist."[29]

Doch ungeachtet seiner prinzipiellen Verpflichtung kommt das Gebot der Brüderlichkeit ohne Unterscheidungen, das heißt ohne Ausgrenzungen, gerade dann nicht aus, wenn alle Menschen Brüder sind. „Seid umschlungen, Millionen" ist gut gedichtet, aber schlecht praktiziert. Solidarität wird bei knappen Ressourcen zum Problem, das um so schwerer wiegt, als

---

28 Vgl. *Gerd Roellecke,* Kants Rechtsphilosophie und die Modernisierung der Gesellschaft, in: ARSP 82 (1996), S. 187ff.

29 *Hans Magnus Enzensberger,* Aussichten auf den Bürgerkrieg, 1993, S. 73f.

Solidarität selbst knappe Ressource ist, die ökonomisch eingesetzt werden muß. Die Begrenztheit der sächlichen und finanziellen Mittel sowie die Knappheit der Zeit schließen es aus, alle Menschen – auch wenn sie zu Brüdern umettiketiert werden – praktisch zu lieben. Da der Umfang der moralischen Herausforderung im Zeitalter der Globalisierung in keinem Verhältnis zu den realen Handlungsmöglichkeiten des einzelnen und des Staates mehr steht, müssen, da Handlungsmöglichkeiten nicht grenzenlos erweiterbar sind, entweder die solidarischen Erwartungsansprüche aller Brüder quantitativ reduziert oder aber die Berechtigten bestimmt und die anderen ausgegrenzt werden: Reduktion von Universalität durch Unterscheidung als Bedingung praktischer Solidarität. Anders formuliert: Die Allgemeinheit des ethischen Anspruchs vermag nur in der durch Unterscheidung und Ausgrenzung bewirkten Begrenztheit Wirklichkeit zu werden.

Folglich gilt: Nicht der ethische Anspruch gilt allgemein, wohl aber seine Logik, nämlich nur über Unterscheidung und Ausgrenzung praktisch erfüllbar zu sein. Ausgrenzung als Bedingung praktischer Solidarität hört sich zugegebenermaßen wenig menschenfreundlich an, klingt gar brutal, vereitelt das Bemühen, es jedem recht zu machen und niemandem weh zu tun: entziehen aber kann sich dieser Logik universaler Ethik niemand, da kein Mensch alle Brüder lieben kann.

Man kann auf die in dieser Feststellung liegende Zumutung in dreifacher Weise reagieren. Die moralisch unzulänglichste Reaktion und zugleich billigste Form der Solidarität besteht im Rückzug auf die reine Moral.[30] Das Gebot solidarischen Einstehens füreinander erreicht auf dem Wege der Moralisierung freilich niemals die Wirklichkeit: es bleibt in der luftigen Höhe

---

30 So fällt signifikant ins Auge, daß Universalethiker, die bei Grundsatzerklärungen höchst eloquent und einfallsreich zu sein pflegen, kaum je Worte verlieren über die konkreten Folgen einer konsequenten Realisierung der Menschenrechte im Weltmaßstab, vgl. *Kondylis* (N 20), S. 118.

moralischer bzw. rechtlicher[31] Unverbindlichkeit, an der man sich delektieren kann, von der aus man das Gewissen sein kann, das die anderen haben sollen, von der aus man aber real nichts bewirkt: Moral ohne Praxis. Reine Gesinnungsverantwortung derartiger Provenienz mag seichten Gemütern innerliche Befriedigung verschaffen, an den konkreten Brüdern in der Welt geht sie achtlos vorbei.

Man kann freilich auch solidarische Praxis ohne Theorie üben: ob begrenzter Lebenszeit der einzelnen und knapper Solidaritätsressourcen der Gesellschaft kommen gerade verantwortungsbewußte Humanisten in der Praxis nicht daran vorbei, zu unterscheiden und auszugrenzen. Ungeachtet der Allgemeinheit des moralischen Anspruchs stürzt man sich auf die – notwendig – konkrete Wirklichkeit, hilft dort, wo Brüder in Not sind. Man unterscheidet in diesen Fällen praktisch, freilich dezisionistisch, ohne reflektiertes Prinzip, d.h. objektiv willkürlich: der Zufall fungiert als moralischer Wegweiser.[32] Eine praktisch sicherlich wirkungsvolle, moralisch auch unanfechtbare, theoretisch aber unbefriedigende Antwort auf die moralische Herausforderung der Globalisierung.

Moralisch unerträglich aber wird es, wenn mit praktischer Ausgrenzung das Bekenntnis zu universaler Solidarität aller Menschen einhergeht. Spätestens dann wird „die Grenze zur objektiven Heuchelei überschritten", erweist sich der Universalismus der Werte als „moralische Falle".[33] In diese sind kürzlich die Gralshüter internationaler Arbeitersolidarität getappt:

---

31 Daher verfehlt *Hans-Richard Reuter* (Menschenrechte zwischen Universalismus und Relativismus, in: ZevEthik 40 [1996], S. 135 [138], der dem Problem durch eine Differenzierung von Menschenliebe und Menschenrechten zu entgehen sucht. Es macht jedoch keinen Unterschied, ob das Gebot, alle Menschen als Brüder zu behandeln, als sittliches Gebot oder universelles Rechtsprinzip gedeutet wird: der Unmöglichkeitseinwand trifft in jedem Fall, unabhängig von der normativen Basierung des Solidaritätsgebots.

32 Vgl. *Otto Depenheuer*, Zufall als Rechtsprinzip, in: JZ 1993, S. 171ff.

33 *Enzensberger* (N 29).

die Gewerkschaften in ihrem Kampf um Arbeitsplätze. Bekanntlich exportiert Deutschland seit Jahren erfolgreich Arbeitsplätze aus Deutschland und schafft sie unter anderem in den aufstrebenden Staaten Südeuropas, Ostmitteleuropas und Südostasiens. Statt Lob für diese praktische Solidarität mit den ärmeren Völkern dieser Welt zu spenden, kämpfen die Gewerkschaften – und nicht nur sie – um Arbeitsplätze für Deutsche in Deutschland.[34] Das Skandalöse in diesem Verhalten liegt nicht darin, daß man die Arbeitslosigkeit in Deutschland bekämpft, sondern daß man dies auch noch ungeniert mit der Propagierung universaler Werte garniert, obwohl man gerade sie in der Praxis dementiert. Allem Internationalismus der Arbeiterbewegung zum Trotz: wenn es um die Bewahrung des sozialen Besitzstandes der Deutschen geht, instrumentalisieren die Gewerkschaften den Nationalstaat – eine ziemlich partikuläre Angelegenheit also – zum Schutz gegen die Zumutungen unbegrenzter, weltumspannender Arbeitnehmersolidarität.

Praxis ohne Theorie befriedigt theoretisch ebensowenig wie Moral ohne Praxis, von der Heuchelei moralisierend untermalter praktischer Ausgrenzung Dritter ganz zu schweigen. All das ist kein Argument gegen ethische Ansprüche und ihre Universalität. Im Gegenteil: gerade wer den ethischen Anspruch ernst nimmt und sich ihm stellt, darf ihn nicht überfordern, soll nicht die Unmöglichkeit der Realisierung umschlagen in die resignative Ablehnung jeglicher ethischen Zumutung. Was not tut, ist also ein moralisches respektive rechtliches Konzept praktischer Solidarität unter den Bedingungen der Globalisie-

[34] Vgl. die politischen Auseinandersetzungen um das Arbeitnehmer-Entsendegesetz (AEntG – BGBl. 1996 I, S. 227. Vgl. dazu: *Dieter Hold,* Arbeitnehmer-Entsendegesetz gegen Lohndumping und illegale Beschäftigung im Baugewerbe, in: AuA 1996, S. 113 ff.) und um das Zweitschiffahrtsregister (dazu: BVerfGE 92, 26 ff.): in beiden Fällen zielt der politische Kampf auf die Sicherung von Arbeitsplätzen für Deutsche zu Lasten derer in und aus sogenannten Billiglohnländern. Vgl. *Klaus Adomeit,* Globalisierung – eine Chance?, in: NJW 1996, S. 2138 ff.

rung, d.h. der Knappheit der Mittel in Ansehung unbegrenzter Ansprüche. Daraus folgt die paradoxe Fragestellung: wie kann der universale Anspruch menschheitsumspannender Brüderlichkeit auf ein menschlich zu bewältigendes Maß praktisch begrenzt werden, ohne seine Moralität zu beschädigen? Theoretisch formuliert: gibt es Grenzen der Verallgemeinerung?

V. Grenzen der Verallgemeinerung?

Das Problem der Unterscheidung zwischen Menschen trotz menschenrechtlichen Unterscheidungsverbots hat bereits in der Hochzeit des deutschen Idealismus eine berühmte philosophische Diskussion entfacht. Der Universalismus der Werte gründet im Prinzip der Verallgemeinerung, das Immanuel Kant repräsentativ in seiner Rechtsphilosphie entwickelt hat. Ihm ging es darum, durch radikale Verallgemeinerung jeden systemimmanenten Widerspruch auszuschließen. Deshalb verallgemeinerte er zunächst die Person als Subjekt der Freiheit, leitete daraus als ethische Forderung das Achtungsprinzip ab und formulierte auf dieser Grundlage als allgemeine Verhaltensmaxime den zweiten Hauptsatz der Kantischen Ethik: „Handle so, daß die Maxime deines Willens jederzeit zugleich als Prinzip einer allgemeinen Gesetzgebung gelten könnte.“[35]

Hegel[36] hat in seiner Kritik der kantischen Position überzeugend nachgewiesen, daß das Prinzip der Verallgemeinerung weder ethisch noch logisch begründet sei. Ethisch nicht, weil jede Bestimmtheit fähig sei, als Allgemeinheit gesetzt zu werden, „es also gar nichts gibt, was nicht auf diese Weise zu einem sittlichen Gesetz gemacht werden könnte;“ deshalb

[35] Kritik der praktischen Vernunft [1788], § 7, in: Cassirer-Ausgabe, Bd. 5, 1914, S. 35.

[36] *Hegel,* Über die wissenschaftliche Behandlung des Naturrechts, seine Stelle in der praktischen Philosophie und sein Verhältnis zu den positiven Rechtswissenschaften, in: ders., Werke in zwanzig Bänden, Bd. 2, Jenaer Schriften 1801 - 1807, 1970, S. 434 (461ff.).

müsse das Verallgemeinerungsprinzip auch als „Prinzip der Unsittlichkeit“ erkannt werden. Logisch nicht, weil Inhalt nicht in Form, Bestimmtheit nicht in Allgemeinheit überführt werden könne: eine konkrete Maxime, als allgemeine gedacht, hebe sich selbst auf.[37] Vor allem aber kommt nach Hegel das Prinzip der Verallgemeinerung entgegen Kants eigenem Anspruch nicht ohne Voraussetzungen aus, gilt nicht apriorisch. Im Gegenteil: es setzt stillschweigend eine vorgegebene normative Ordnung voraus, auf die sie ebenso unreflektiert wie unkritisch zurückgreifen muß und zurückgreift.[38]

Diese Logik des sich formal apriorisch gebenden, tatsächlich aber die jeweils gegebenen Verhältnisse voraussetzenden Verallgemeinungsprinzips zeigt sich beispielhaft in Ansehung der Position der Gewerkschaften zum Entsendegesetz. Das Bekenntnis zum Internationalismus der Arbeiterbewegung gedeiht prächtig im Schutz der sozialen Segnungen des partikularen deutschen Arbeitsmarktes, den es offenbar deswegen vor unerwünschter Konkurrenz ausländischer Arbeitnehmer zu schützen gilt.

Das Verallgemeinerungsprinzip gilt also entgegen seinem Anspruch nicht a priori und „allgemein“. Es erwächst in all seinen Anwendungen seinerseits aus konkreten, angebbaren, historisch-kontingenten Gegebenheiten. Jede Verallgemeinerung wurzelt aber nicht nur in den konkreten Bedingungen

---

37 „So drückt die Bestimmtheit, den Armen zu helfen, aus die Aufhebung der Bestimmtheit, welche Armut ist; die Maxime, deren Inhalt jene Bestimmtheit ist, geprüft durch Erhebung derselben zum Prinzip einer allgemeinen Gesetzgebung, wird sich als falsch erweisen, denn sie vernichtet sich selbst. Wird es gedacht, daß den Armen allgemein geholfen werden solle, so gibt es entweder gar keine Armen mehr oder lauter Arme, und da bleiben keine, die helfen können, und so fiele in beiden Fällen die Hilfe weg; die Maxime also, als allgemein gedacht, hebt sich selbst auf.“ (ebd. S. 465f.).

38 Vgl. ebd. S. 461ff.: So setzt etwa die Maxime, „Du sollst nicht stehlen“, Eigentum voraus; Eigentum ist aber keineswegs apriorisch notwendig. – Analyse: *Roellecke* (N 28), S. 187/190f. – Auch *Rawls* (N 20) entwickelt seine universalistische Theorie vor der Folie des Nationalstaates (S. 24, 497f.), ohne diesen „blinden Fleck“ theoretisch zu reflektieren.

ihrer Formulierung; ihre Geltung ist stets zurückgebunden an eben diese Bedingungen, steht und fällt mit ihnen. Das Verallgemeinerungsprinzip muß daher nicht erst von außen begrenzt werden; es ist vielmehr „a priori“ aus sich heraus begrenzt.

Als Zwischenergebnis der Überlegungen läßt sich daher die Feststellung treffen: Die Maxime des jungen Friedrich Schiller scheitert nicht nur an der Wirklichkeit; das Konzept der Verallgemeinerung überzeugt auch theoretisch nicht. Der jugendliche Pathos seiner Ode wurde Schiller übrigens später selbst unheimlich: „zu sehr [sei sie] dem Zeitgeschmack angepaßt“ gewesen und „repräsentiere eine Stufe unvollkommener literarischer Bildung des Autors“.[39] Das Urteil der Unvollkommenheit trifft aber neben der literarischen auch den sachlichen Gehalt der Maxime, von der politischen Inkorrektheit der Terminologie einmal abgesehen: entgegen Schillers jugendlichem Sturm und Drang können nicht alle Menschen Brüder werden.[40] Das Verallgemeinerungsprinzip wird der Geschichtlichkeit und Endlichkeit aller Menschen ebensowenig gerecht wie der Besonderheit eines jeden einzelnen. Im Zeitalter der Globalisierung gilt es, auch in der Ethik „Abschied vom Prinzipiellen“[41] zu nehmen. Damit aber ist freilich erst die Aufgabe gestellt, die Maxime der Brüderlichkeit mit der historisch-kontingenten Wirklichkeit mit ihren je knappen Ressourcen praktisch zu vermitteln: die Allgemeinheit des Rechts und der Moral muß anknüpfen und zurückgebunden werden an die bestimmte Zufälligkeit bzw. zufällige Bestimmtheit konkreter Lagen.

---

39 Vgl. Schillers Werke (N 3), S. 149f.

40 Die „Ode an die Freude“ ist sogar insoweit in sich grob widersprüchlich. So heißt es gegen Ende der Dichtung: „Wem der große Wurf gelungen,/ Eines Freundes Freund zu seyn,/ Wer ein holdes Weib errungen,/ Mische seinen Jubel ein!/ Ja – wer auch nur Eine Seele/ Sein nennt auf dem Erdenrund!/ Und wer's nie gekonnt, der stehle/ Weinend sich aus diesem Bund“. – Dieser Aufruf zum Ausschluß und zur Entsolidarisierung mit dem, der brüderlicher Zuwendung am meisten bedürfte, spricht dem „*Alle* Menschen werden Brüder“ Hohn.

41 Vgl. exemplarisch: *Odo Marquard,* Abschied vom Prinzipiellen, 1981.

VI. Geborene Brüderlichkeit – Solidaritätsmittlung durch Schicksal

Man muß schon über die Aufklärung hinaus auf Kirchenväter und Scholastiker zurückgreifen, um bei Augustinus und Thomas von Aquin eine erste Antwort auf das gestellte Problem zu finden. So formuliert Augustinus: „Alle Menschen sind in gleicher Weise zu lieben. Da man aber nicht für jedermann sorgen kann, so muß man vornehmlich für jene Sorge tragen, die einem durch die Verhältnisse des Ortes, der Zeit oder irgendwelcher anderer Umstände gleichsam durch das Schicksal näher verbunden sind.“[42] Um den universellen Anspruch trotz der Unmöglichkeit praktischer Realisierung nicht aufgeben zu müssen, reduziert ihn Augustinus auf das menschenmögliche Maß dadurch, daß er zu diesem Zweck auf die Kontingenz des Schicksals und die Konkretheit der jeweiligen Lage rekurriert. Das je konkrete Schicksal des Ortes und der Zeit schmiedet die von ihm Betroffenen zu einer Gemeinschaft zusammen. Ihnen eignet insoweit substantielle Gleichheit, das heißt eine mehr oder weniger stabile Homogenität, die sie einander – ungeachtet aller Unterschiede zwischen ihnen im übrigen – näher stehen läßt als zu Dritten.[43] Zu den

---

[42] „Omnes autem aeque diligendi sunt, sed cum omnibus prodesse non possis, his potissimum consulendum est, qui pro locorum et temporum uel quarumlibet rerum opportunitatibus constrictius tibi quasi quadam sorte iunguntur.“ aus: De doctrina Christiana I c. 28; hier zit. nach: Aurelii Augustini Opera, Pars IV/1, in: Corpus Christianum, Seria latina, Bd. XXXII, Tournhout (Belgien) 1962, S. 22. – Vgl. dazu den Kommentar von *Thomas von Aquin,* Summa Theologica 2-2 q. 26 a. 6;

[43] Zur sozialen Homogenität als Grundlage staatlicher Einheit: *Hermann Heller,* Politische Demokratie und soziale Homogenität [1928], in: ders., Gesammelte Schriften, Bd. 2, 1971, S. 421 ff.; *Carl Schmitt,* Verfassungslehre [1928], S. 228 ff.; *ders.,* Der Gegensatz von Parlamentarismus und moderner Massendemokratie [1926], in: Positionen und Begriffe im Kampf um Weimar–Genf–Versailles, 1940, S. 52 (59 ff.). – Zur Parallelität der Homogenitätsvorstellung bei Heller und Schmitt: *Pasquale Pasquino,* Politische Einheit, Demokratie und Pluralismus, in: Christoph Müller u. a. (Hg.), Staatslehre in der Weimarer Republik, 1985, S. 114 (118 ff.).

schicksalhaften, dem einzelnen unverfügbar vorgegebenen homogenen Gemeinschaften zählen insbesondere Familie und Staat,[44] aber auch die Notgemeinschaft, deren Mitglieder, solange die Not dauert, „brüderlich“ aneinander gebunden und deshalb – existentiell und insoweit substantiell – einander verbunden sind.

Schicksalhaft gestiftete und von substantieller Gleichheit geprägte Gemeinschaften sind weder rational notwendig noch dem einzelnen verfügbar; der einzelne wird in sie hineingeboren bzw. -geworfen. Geborene Solidargemeinschaften sind in ihrer Existenz mithin historisch kontingent. Niemand kann sich gegen das zufällige Hineingeborenwerden in konkrete Gemeinschaften wehren. Daher gilt: durch geborene Solidargemeinschaften wird Zufall in Recht überführt.[45] So verfügt zwar jeder Mensch über eine Familie und – der Idee nach – über eine Staatsangehörigkeit, aber welche, das entscheidet nicht die Notwendigkeit, sondern der blinde Zufall. Angesichts dieses fundamentalen Irrationalismus am Anfang einer jeden personalen Existenz könnte man in Anlehnung an Alfred Polgar zwar resignierend sagen: „Vielleicht wäre es besser, in anderen Umständen geboren zu sein. Aber,“ – so fügt er hinzu –, „wem passiert das schon?“

Gegen geburts-, d. h. schicksalsbedingte Verwiesenheit eines jeden in konkrete Solidargemeinschaftlichkeit gibt es kein Rechtsmittel, keinen Vorbehalt rationaler Wahl; sie muß posi-

---

44 Zur partikularen Staatlichkeit als Bedingung der Möglichkeit praktischer Wirksamkeit und Wirklichkeit universal-postulierter Menschenrechte vgl. *Hofmann* (N 18), S. 366 ff. – Kritisch: *Ulrich K. Preuß,* Zum verfassungstheoretischen Begriff des Bürgers in der modernen Gesellschaft, in: FS Ernst Gottfried Mahrenholz, 1995, S. 619 ff.

45 Vgl. zur Rechtsbegründungsfähigkeit des Zufalls bereits gleichsinnig (in Ansehung individuellen Eigentumbesitzes): *Immanuel Kant,* [Vorarbeiten zur Rechtslehre], in: Akademie-Ausgabe, Bd. XXIII, 1955, S. 314: „Ich habe das angebohrne Recht (,) auf dem Boden zu seyn (einen Platz auf Erden einzunehmen) (,) auf welchem mich die Natur oder der Zufall (also ohne meine Willkühr) gesetzt hat.“

tiv angenommen werden, soll individuelles Leben gelingen. Sie ermöglicht dem einzelnen überhaupt erst die Existenz in der sozialen Geborgenheit einer Gruppe. Daraus erhellt im übrigen auch, daß und warum das politisch elementarste Menschenrecht darin besteht, überhaupt Bürger eines Staates zu sein:[46] es garantiert das Aufgehobensein im staatlichen Solidarverband.

Die Homogenität einer geborenen Solidargemeinschaft bewirkt in der Konsequenz eine fundamentale, im Kern unüberbrückbare Unterscheidung zwischen Menschen,[47] die auch ethisch Bestand hat. Zwar sind an sich alle Menschen gleich, aber weil und insoweit sich jeder Mensch in vielfachen schicksalsbedingten Beziehungsgefügen befindet, gilt: die an einer konkreten Solidargemeinschaft Beteiligten sind als Folge dieser ihrer substantiellen Gleichheit füreinander gleicher.[48] Sie

---

46 *Arendt* (N 25), S. 766ff. – Vgl. auch *Michael Walzer*, Sphären der Gerechtigkeit, [1983], dt. 1992, S. 65ff.; *Reuter* (N 31), S. 140.

47 Gegenüber allfälligen Mißdeutungen sei betont, daß nur die Unterscheidung des Homogenen vom Heterogenen als solche weder theoretisch noch praktisch überbrückbar ist. Diese Feststellung sagt hingegen nichts über die aus ihr möglicherweise abzuleitenden Konsequenzen. Diese können sehr unterschiedlich sein: sie reichen vom Nicht-zur-Kenntnis-Nehmen des Unterschieds, über *Minderheitenschutz* für definierte Volksgruppen, *Toleranz* und *Parität* (so die Parität des Westfälischen Friedens von 1648 zwischen der augsburgischen Konfession nebst Verwandten und den Katholischen) bis hin zur aggressiven *Bekämpfung* und *Ausrottung* des Heterogenen (so die nationalsozialistische Rassenpolitik). Keine der möglichen Konsequenzen folgt notwendig aus der Unterscheidung von Heterogenität und Homogenität als solcher. Insbesondere der Versuch aggressiver Auslöschung des Heterogenen erweist sich entgegen häufigem Mißverständnis nicht als notwendige Folge der Unterscheidung, sondern gerade als deren Pervertierung: die Aufhebung der Differenz stabilisiert nicht, sondern löst bestehende Homogenität notwendig auf.

48 Vgl. *Hofmann* (N 18), S. 365ff. Gleichsinnig *Walzer* (N 46), S. 67: „Sie sind wie wir, aber sie sind keiner oder keine von uns." – Die berühmte Formulierung im 10. Kapitel von *George Orwells* Roman „Farm der Tiere" [1945] („Alle Tiere sind gleich, aber einige Tiere sind gleicher als die anderen") als Beispiel für die Pervertierung des Gleichheitspostulats liegt demgegenüber sachlich auf einer anderen Ebene; dort geht es um Ungleichheit in

schulden einander mehr solidarischen Beistand und brüderliche Liebe als außenstehenden Dritten, und zwar um so mehr, je enger das sie verbindende Band ist.[49] So ist „Brüderlichkeit“ den leiblichen Brüdern mehr geschuldet als dem eigenen Volk, diesem mehr als der Menschheit.[50] Seine christliche Pflicht zur Nächstenliebe verletzt nicht, wessen Solidarität ganz dem Nächsten gilt, nicht aber dem Fernerstehenden: man muß nicht gleichmäßig unter den Menschen teilen, sondern darf und muß unterscheiden.[51]

VII. Gekorene Brüderlichkeit – Solidaritätsmittlung durch Bund

Geborene, substantielle Brüderlichkeit wird in der Neuzeit zunehmend ergänzt und zum Teil ersetzt durch gekorene, vom Willen getragene Brüderlichkeit, von einem Homogenitätsbe-

---

einer sich ursprünglich homogen verstehenden Gruppe, hier hingegen um die Basierung einer konkreten Gemeinschaft in einer substantiellen Homogenität, die sie nach innen als Solidargemeinschaft trägt und nach außen – zu anderen Gruppen – abgrenzt und dergestalt Identität stiftet.

49 Ähnlich *Brugger* (N 20), S. 325: spezifische geht vor allgemeine Verantwortung.

50 Nur dies erklärt und legitimiert die erheblichen Finanztransfers innerhalb des wiedervereinigten Deutschlands, die ein Volumen von jährlich deutlich über 100 Mrd. DM erreicht haben. Vgl. im einzelnen BT.-Dr. 13/2280 vom 8.9.1995. Zum Ganzen näher: *Otto Depenheuer,* Das soziale Staatsziel und die Angleichung der Lebensverhältnisse in Ost und West, in: HStR Bd. IX, 1997, § 204. – Im Ergebnis ähnlich auch *Walzer* (N 46), S. 78ff. – A. A. *Hartmut Kliemt,* Solidarität in Freiheit, 1995, S. 102ff., der demgegenüber die Transferleistungen nur unter der Voraussetzung für gerechtfertigt hält, daß sie der Stärkung freiheitlicher Grundüberzeugungen dienen (S. 121). Das ist eine bedenkenswerte normative Überlegung, erklärt aber nicht die Realität, von der Kliemt denn auch nur – erklärungslos – feststellt, daß „uns…, was die Hilfeleistung als solche anbelangt, jedoch augenscheinlich keine Wahl bleibt“ (S. 121). Aber gerade das ist der Tatbestand, den es zu erklären gilt.

51 Vgl. ähnlich *Walzer* (N 46), S. 88ff.

wußtsein.[52] Vom augustinischen Weltbild trennt uns die Entdeckung, theoretische Ausbildung und politische Wirkmacht des individuellen Selbstbewußtseins. Das lutherische „Hier stehe ich, ich kann nicht anders“ verweist exemplarisch auf den Perspektivenwechsel der Neuzeit: der Aufstieg des zur Vernunft verdammten Individuums, dem gegenüber schicksalsbedingte, das heißt zufällige Kommunitäten nicht unbefragte Voraussetzung individueller Existenz, sondern Gegenstand rationaler Reflexion und praktischer Gestaltung sind.[53]

Geborene Gemeinschaftlichkeit vermag ebensowenig wie gewachsene Homogenität dem Rechtfertigungsdruck rationaler Infragestellung auf Dauer erfolgreich Widerstand entgegenzusetzen: als historisch-kontingente kann sie nur unbefragt angenommen, nicht aber rational begründet werden. Das rationale Skandalon der Kontingenz war buchstäblich „sprachlos“ gegenüber den rationalen Anfragen des aufgeklärten Geistes und befindet sich bis in die Gegenwart hinein im wesentlichen in ideengeschichtlicher Defensive.[54] Folglich entwickelt sich – von Aufklärung und Rationalismus begleitet und forciert – die Gemeinschaft allmählich zur Gesellschaft, das heißt die schicksalsbedingte zur rational gewählten Solidargemeinschaft.[55] Am logischen Endpunkt dieser Entwicklung, im rationalen Idealfall, gründet solidarische Gemeinschaftlichkeit ausschließlich in

---

52 Allein in der unterschiedlichen Akzentuierung der Grundlage von Homogenität dürften sich die Positionen *Schmitts* und *Hellers* (N 43) unterscheiden: während dieser mehr auf die bewußte Identifizierung mit der politischen Einheit abzustellen scheint, sieht jener eher auf die unverfügbaren Vorgegebenheiten. Vgl. *Pasquino* (N 43), S. 122. – Vgl. zur sachlich und strukturell gleichliegenden Problematik des Volksbegriffs: *Depenheuer* (N 9), S. 288 ff.

53 *Depenheuer* (N 9), S. 283 ff.

54 Die historische Entwicklung ist freilich nicht geradlinig und frei von – kompensatorischen und um so atavistischeren – Rückschlägen: so war etwa der Nationalsozialismus rational organiserter Irrationalismus. Vorzügliche Analyse insoweit: *Zygmunt Baumann*, Moderne und Ambivalenz. Das Ende der Eindeutigkeit, 1992, insbesondere S. 35 ff.

55 Grundlegende Analyse dieses Vorgangs: *Ferdinand Tönnies*, Gemeinschaft und Gesellschaft [1887].

einem Bund, das heißt in einem bewußten Willensakt der Beteiligten,[56] wie es sich beispielhaft in der Institution der Ehe zeigt.

In der sozialen Wirklichkeit selbst finden sich heute vorzugsweise weder ausschließlich geborene noch ausschließlich gekorene Gemeinschaften, sondern in vielfacher Mischung Formen rationaler Bekräftigung im Kern vorgegebener solidarischer Verbundenheit. Überkommene, historisch-kontingente Kommunitäten bedürfen der Kompensation ausdünnender Solidarsubstanz durch entsprechende willentliche Zustimmung. So war politische Herrschaft im Mittelalter dem einzelnen unverfügbar, von Gottes Gnaden vorgegeben, wurde am Beginn der Neuzeit mit – theoretisch konzipierten – rationalen Staatsvertragslehren unterfangen, um schließlich in vielfältigster Ausformung an das plébiscite de tous les jours der Staatsbürger auch praktisch zurückgebunden zu werden. Auch die Wiederherstellung der deutschen Einheit vollzog sich ebensowenig von selbst wie sich die europäische Einheit aus sich heraus vollenden wird: in beiden Fällen steht am Anfang des solidarischen Zusammenschlusses zur politischen Einheit ein bewußter Willensakt der Völker, der freilich jeweils auf vorgegebene Homogenität zurückgreifen kann, die ihrerseits dem bündischen Zusammenschluß Grenzen zieht und Inhalt gibt.

Globalisierung der Verhältnisse mit gleichzeitiger Schwächung schicksalsbedingter Gemeinschaften führt ferner zu zunehmend professionell organisierter und arbeitsteilig realisierter Solidarität.[57] Neben Familie und Staat treten religiös oder sozial motivierte Formen solidarischer Hilfe. Verfassungsrechtlich agieren die Hilfsorganisationen auf grundrechtlicher Legi-

---

56 So exemplarisch für den modernen Staat: *Jürgen Habermas,* Faktizität und Geltung, 1992, S. 632ff. – Kritisch dazu: *Otto Depenheuer,* Integration durch Verfassung?, – Zum Identitätskonzept des Verfassungspatriotismus –, in: DÖV 1995, S. 854ff.

57 *Niklas Luhmann,* Formen des Helfens im Wandel gesellschaftlicher Bedingungen, in: Soziologische Aufklärung 2, [4]1991, S. 134ff.

timationsgrundlage:[58] Entfaltung individueller Freiheit zu solidarischer Brüderlichkeit. Als Maßstab solidarischer Orientierung dienen – selbstbestimmt – Bedürftigkeit oder Hilfsfähigkeit, religiöse, kulturelle oder nationale Nähe und Sympathie.

Geborene Brüderlichkeit verpflichtet unbedingt und zielt auf gleichmäßige Fürsorgegerechtigkeit; gekorene Brüderlichkeit wirkt demgegenüber eher punktuell, ist getragen und stets bedingt durch den humanitären Impuls solidarischen Helfens. In der Regel genügt der Mensch seiner Solidarverantwortung, wenn er im Rahmen geborener Gemeinschaften – Familie und Volk – seine konkreten Pflichten erfüllt.[59] Sich seinen geborenen Solidarpflichten zu Gunsten eigenbestimmter Solidarität für konkrete Fernste zu entziehen, liegt nicht in der Natur des durchschnittlichen Menschen. Hier werden besondere Motivationen wirkkräftig, die ihr Recht aus sich heraus haben: die Unbedingtheit, mit der die Jünger auf Geheiß Jesu die Ihren verließen, um dem Meister nachzufolgen,[60] ist Vorbild, aber kein Maßstab.

Auch aus der Perspektive gewillkürter Brüderlichkeit werden „nicht alle Menschen Brüder“: zwar sind alle dazu berufen, nicht jeder aber wird auserwählt. Diese Logik gilt nicht nur für das solidarische Engagement des einzelnen. Im Rahmen arbeitsteilig praktizierter Brüderlichkeit zielen vor allem Organisation und Verfahren auf verbindliche Präferenzentscheidungen gegen das Verallgemeinerungsprinzip: aus dem Kreis aller potentieller Destinatäre bestimmen sie die konkreten Empfänger brüderlicher Hilfe. Der Entschluß zum humanitären Engagement an

58 Vgl. *Otto Depenheuer,* Staatliche Finanzierung und Planung im Krankenhauswesen, 1986, S. 104ff.

59 Vgl. dazu grundsätzlich: *Otto Depenheuer,* Bürgerverantwortung im demokratischen Verfassungsstaat, in: VVDStRL 55 (1996), S. 90ff.

60 Vgl. Mt 4, 20 - 22; 8, 19 - 22; 9, 9; 16, 24; 19, 21, 27ff. – Mk 1, 18 - 20; 2, 14f; 8, 34; 10, 21, 28. – Lk 5, 11, 27f; 9, 23 - 62; 14, 27; 18, 22, 28. – Joh 1, 37 - 43.

einem Ort schließt die Bedürftigen in anderen Ländern und Kontinenten aus.

Allgemein gilt also: jeder solidarische Zusammenschluß von Menschen beinhaltet denknotwendig den Ausschluß anderer. Keine bestehende Gemeinschaft muß und kann sich allen öffnen: es gibt keine unbedingte Aufnahmepflicht für alle. Jede Gemeinschaft hat das Recht zur Selbstbestimmung über ihr personales Substrat und zur Selbstbehauptung ihrer Identität,[61] um ihre Solidarsubstanz zu wahren. Dieses schließt die Zurückweisung oder den Ausschluß Dritter notwendig ein:[62] folglich wird es stets Gemeinschaften geben, zu denen der einzelne bei aller Anstrengung und bestem Willen keinen Zutritt findet.

VIII. Brüderlichkeit durch Staatlichkeit

Gegenwärtig bildet – neben der Familie – noch immer der Staat den zentralen institutionellen Moderator zur Vermittlung von Brüderlichkeit im globalen Maßstab. Nach innen erfüllt er diese Funktion, indem er die staatsbürgerliche Solidarsubstanz qua Sozial- und Steuerstaat aktiviert und organisiert. Dieses staatliche Solidarpotential zeigt sich deutlich bei dem Bemühen, die sozialen Folgen der Wiedervereinigung zu bewältigen: die beachtliche Umverteilung von West nach Ost ist eine Solidarleistung von Deutschen für Deutsche.[63] Aber auch nach außen sind es im wesentlichen die Staaten, die die menschheitsumspannende Solidarität aller Menschen allein oder im Zusammenschluß mit anderen durch Entwicklungs-, Katastrophen- oder sonstige Hilfen organisieren.[64]

---

[61] Zutreffend weist *Hofmann* (N 18, S. 367 N 72) darauf hin, daß gerade dann, wenn die Grundlage des Staates naturrechtlich als frei geschlossener Gesellschaftsvertrag verstanden wird, das Bürgerrecht, d.h. das Recht dazuzugehören, eben nicht zu den jedermann von Natur aus zustehenden Menschenrechten zählen kann. – Ebenso *Walzer* (N 46), S. 65 ff., 92.

[62] Vgl. ebd., S. 83, 88.

[63] *Depenheuer* (N 50), § 204 Rn. 78 ff., 115 ff.

Staatlich vermittelte Brüderlichkeit bricht den Anspruch des ethischen Universalismus, fordert und rechtfertigt das Bekenntnis zu ethischem Relativismus. Nur der Staat kann Solidarität auf seinem Staatsgebiet organisieren und garantieren; jenseits dessen stößt er auf Souveränitäts- und Solidaritätsvorbehalte anderer Staaten.[65] Erst das Ende der Staatlichkeit in jeder heute bekannten Form, das heißt das Ende des Pluriversums politischer Einheiten, würde das Zeitalter universaler Brüderlichkeit aller mit allen einleiten können. Ob darin ein politischer oder humanitärer Fortschritt läge, ist indes durchaus zweifelhaft: wenn *allen* Menschen *alle* Rechte unabhängig davon zustehen, wer sie sind und wo sie sich aufhalten, würde der Mensch auf sein bloßes Menschsein reduziert, ledig aller kulturbildenden und identitätsstiftenden Attribute, die ihn Jude, Muslim oder Christ, Farbiger oder Weißer, Deutscher oder Russe, Liberaler oder Sozialist sein lassen. Damit wäre nicht nur die Grundlage und der Nährboden jeglicher Kultur beseitigt. Als Mensch und nichts als Mensch würde sich jeder selbst seinen Anteil im existentiellen Verteilungs- und Überlebenskampf um Bodenschätze, Luft und Wasser sichern müssen.[66] Der Endsieg der universalen Idee der Brüderlichkeit durch Aufhebung jeder vermittelnden Instanz beschwörte die hobbesianische Horrorvision des *status naturalis* herauf. Auch dort waren alle Menschen gleich – aber ein jeder als Wolf für den anderen: es herrschte der *bellum omnium contra omnes.*[67]

---

64 Zum Problem vgl. *Brugger* (N 20), S. 318ff.

65 Vgl. zum Problem: *Josef Isensee,* Weltpolizei für Menschenrechte. Zur Wiederkehr der humanitären Intervention, in: JZ 1995, S. 421ff.

66 Vgl. *Carl Schmitt,* Die geistesgeschichtliche Lage des heutigen Parlamentarismus, [4]1969, S. 13ff.; *Kondylis* (N 20), S. 119f.

67 Leviathan [1651], II. Teil, Kapitel 17.

IX. „Nicht alle Menschen werden Brüder"

Solidarität bedarf als ethische Maxime realer Vermittlung. Schicksalsgeprägte und gewillkürte Gemeinschaften, das heißt Bund und Homogenität, vermitteln materiell und institutionell, Organisation und Verfahren prozedural Brüderlichkeit am Verallgemeinerungsprinzip vorbei. Die Maxime allgemeiner Brüderlichkeit wird dadurch auf ein realisierbares, für den einzelnen zu bewältigendes Maß reduziert. Nur ein derartiger ethischer Relativismus, nach dem nicht alle Menschen Brüder werden müssen, ermöglicht wahre Brüderlichkeit, verpflichtet zu ihr und verwirklicht dadurch ein Stück Gerechtigkeit.[68]

---

[68] Im Ergebnis ähnlich *Walzer* (N 46), S. 440ff.: Differenzierte Anteile für unterschiedliche Menschen in verschiedenen Sphären zeichnen eine gerechte Gesellschaft aus. Vgl. auch: *Rüdiger Bubner*, „Gerechtigkeit herrscht, wo jeder das Seinige tut", in: Peter Fischer (Hg.), Freiheit oder Gerechtigkeit, 1995, S. 176ff.

Grund und Mißbrauch der Solidarität im System der sozialen Gerechtigkeit

Von Meinhard Heinze

I.

Am 27. Mai 1787 schrieb Goethe in seinem Tagebuch der Italienischen Reise beiläufig unter Bezugnahme auf Herders Ideen zur Philosophie der Geschichte der Menschheit: „Auf Herders dritten Teil freue ich mich sehr. Hebt mir ihn auf, bis ich sagen kann, wo er mir begegnen soll! Er wird gewiß den schönen Traumwunsch der Menschheit, daß es dereinst besser mit ihr werden solle, trefflich ausgeführt haben. Auch muß ich selbst sagen, halte ich es für wahr, daß die Humanität endlich siegen wird; nur fürchte ich, daß zu gleicher Zeit die Welt ein großes Hospital und einer des anderen humaner Krankenwärter sein werde.“[1]

Zu diesen erschreckend aktuellen Worten Goethes hat Max Scheler in seinem Sammelband: „Vom Umsturz der Werte“ in einer zwischen 1911 und 1914 entstandenen Arbeit darauf hingewiesen, daß dieser Zustand erreicht sei durch die Tatsache, daß der Staat und die Steuern eines jeden von uns die Lasten der Sozialversicherung gegen Krankheit, Unfall usw. mittragen.[2] Es entspreche auch nur der Anwendung der Gerechtigkeitsidee auf die Arbeits- und Betriebsformen unserer Zivilisation sowie jenem tieferen Solidaritätsprinzip, das Goethes individualistischem sittlichem Geiste unverständlich war, daß es

---

1 Goethe's sämmtliche Werke in dreißig Bänden, 19. Band, Stuttgart u. Tübingen 1851, S. 309.

2 *Max Scheler*, Vom Umsturz der Werte, Bern ^{4}1995, S. 308f.

sich so verhält.[3] Aber Max Scheler selbst, der Goethe insoweit kritisiert, sieht klar, daß in zwei Punkten Goethe schon die großen Gefahren vorausfühlte, welche die nachfolgende Geschichte zur Reife brachte, und die uns heute beschäftigen. Max Scheler formuliert wie folgt: „Einmal sah Goethe die Gefahr voraus, daß das Motiv der Humanität, jener großen modernen Haltung, die an die Stelle der von ihr grundverschiedenen christlichen Liebesidee trat, die Gefahr in sich trägt, die Übel, auf die sie einseitig blickt – und die Übel in der Sphäre des Sozialen, auf das sie wie hypnotisiert starrt – und denen sie Abhilfe bringen möchte, erst bewirkt. Sodann aber, daß das Maß von Aufmerksamkeitsspannung, mit dem ein Volk auf Übel und Leid gerichtet ist, eine obere Grenze hat, bei der es sich zur Abhilfe von jenen Übeln zu verlohnen aufhört, ja neue Übel zu schaffen tendiert."[4] Damit sind eigentlich die Akkorde von Grund und Mißbrauch der Solidarität im System der sozialen Gerechtigkeit bereits sehr konkret angeschlagen.

Was heißt Solidarität? Den unmittelbaren Zugang bietet die Bedeutung von „solidaris". Solidarisch sich verpflichten oder verpflichtet sein, meint „einer für alle und alle für einen".[5] Somit bezeichnet Solidarität eine Gegenseitigkeit zwischen zweien, mehreren, vielen von solcher Art, daß sie aufeinander angewiesen sind und, was sie wollen und sollen, nur dann gut vonstatten geht, wenn sie zusammenwirken. Unter Solidarität wird deshalb gemeinhin das innere Aufbauprinzip der Gesellschaft verstanden. Gundlach, der als Jesuit besonders intensiv über das Solidaritätsprinzip nachgedacht hat, formuliert dies wie folgt: „Wenn das Solidaritätsprinzip den formalen Seinsgrund ausdrückt, wodurch gesellschaftliche Verbundenheit überhaupt ist und sein kann, dann ist ein ontologisches Fundament aufzuweisen. Dies ist das innerste Wesen des Menschen

---

3 *Scheler* (N 2), S. 308.

4 *Scheler* (N 2), S. 309.

5 *Gustav Gundlach,* Handwörterbuch der Sozialwissenschaften, 9. Band, Göttingen 1956, S. 296.

als Geistperson, und zwar als ‚Bild‘ der unendlichen Geistperson Gottes. Hierdurch ist dem Menschen als endlichem Wesen eine innere Potentialität eigen, die ihn auf die Unendlichkeit der Seins- und Wertfülle des ‚Urbildes‘ intentional ausrichtet. Die so konstituierten menschlichen Personen sind notwendig zueinander offen und innerlich verbunden, weil sie – hineingestellt in dieselbe endlich-unendliche Intentionalität menschlichen Geistwesens – sich nicht gleichgültig sind, sondern sich durch Geben und Nehmen in der Erfüllung jener personalen Potentialität fördern können und müssen. In diesem Sachverhalt innerer Verbundenheit der Personen liegt das formale Wesen des ‚Sozialen‘ der menschlichen Gesellschaftlichkeit; ihm entspringt die innere Struktur menschlichen Gesellschaftslebens in seiner Hinordnung auf die Verwirklichung in Beziehungen und Gebilden des realen und geschichtlichen Verlaufs. Der entwickelte ontologische Sachverhalt macht auch einsichtig, warum die innere Verbundenheit der Personen als ‚Gemeinhaftung‘ sich darstellt und mit einem aus der Rechtssprache entliehenen Ausdruck als Solidarität begrifflich festgelegt wird.“[6]

Mit diesen die Solidarität und das Solidaritätsprinzip bis heute prägenden und ausformenden Gedanken werden aber die vielleicht ketzerischen Worte Goethes von der Welt als großes Hospital und einer des anderen humanem Krankenwärter doch wohl nur nachdrücklich unterstrichen. Denn heute, wo eine Globalisierung der Märkte – um das Schlagwort aufzugreifen – auch und gerade eine Globalisierung der Solidarität zu erzwingen droht, pervertiert offensichtlich die Solidarität selbst. Die Welt als ein großes Hospital und einer des anderen humaner Krankenwärter bietet heute eine Analyse, die schon gar nicht mehr eine Vision, sondern traurige Realität sein kann.

Übersehen hat nämlich bereits Herder, weshalb ich den kritischen Akzenten in der Formulierung Goethes nur beipflichten

---

[6] *Gustav Gundlach,* Stichwort „Solidaritätsprinzip“, in: Staatslexikon der Görres-Gesellschaft, Bd. 7, Freiburg i.Br. [6]1962, S. 119 (120f.).

kann, aber nach ihm bis heute die gesamte theologische und philosophische Diskussion des Solidaritätsprinzips, daß dieses als Prinzip nur bestehen kann, wenn man seine andere Seite, das Subsidiaritätsprinzip, zugleich mit bedenkt.[7] Nicht umsonst hat gerade der größte katholische Theoretiker des Solidaritätsprinzips, Gustav Gundlach, den Namen des Subsidiaritätsprinzips entscheidend geprägt. Durch ihn hat Pius XI. das Subsidiaritätsprinzip in die Enzyklika „Quadragesimo anno" aufgenommen, und erst dadurch ist es zu einem leider umstrittenen Schlagwort geworden. Dabei ist die Enzyklika „Quadragesimo anno" überaus klar, wenn sie formuliert: „Es muß doch allzeit unverrückbar jener oberste sozialphilosophische Grundsatz festgehalten werden, an dem nicht zu rütteln noch zu deuteln ist: Wie dasjenige, was der Einzelmensch aus eigener Initiative und mit seinen eigenen Kräften leisten kann, ihm nicht entzogen und der Gesellschaftstätigkeit zugewiesen werden darf, so verstößt es gegen die Gerechtigkeit, das, was die kleineren und untergeordneten Gemeinwesen leisten und zum guten Ende führen können, für die weitere und übergeordnete Gemeinschaft in Anspruch zu nehmen; zugleich ist es überaus nachteilig und verwirrt die ganze Gesellschaftsordnung. Jedwede Gesellschaftstätigkeit ist ja ihrem Wesen und Begriff nach subsidiär; sie soll die Glieder des Sozialkörpers unterstützen, darf sie aber niemals zerschlagen oder aufsaugen."[8]

Damit ist gegenüber der absolut herrschenden Diskussion des Solidaritätsprinzips in Philosophie und Gesellschaftswissenschaften an einen längst verlorengegangenen geistigen Aspekt zu erinnern: Das Solidaritätsprinzip setzt das Subsidiaritätsprinzip voraus, ja es kann nur unter voller Achtung und Wahrung des Subsidiaritätsprinzips überhaupt die Solidarität legiti-

---

[7] Zur Geschichte des Subsidiaritätsprinzips: *Arthur-Fridolin Utz,* Sozialethik, I. Teil, Heidelberg 1958, S. 279ff.

[8] Enzyklika „Quadragesimo anno", AAS 23 (1931), S. 177ff., Qu. 79; vgl. hierzu *Josef Isensee,* Subsidiaritätsprinzip und Verfassungsrecht, Berlin 1968, S. 18ff. m.w.N.

mieren. Die Sozialenzyklika Johannes XXIII. „Mater et Magistra“ hat dies sehr klar herausgestellt: „In dem Umfang, wie der einzelne oder die Gliedgemeinschaft sich selbst helfen können, haben sie sowohl die Pflicht als auch das unentziehbare Recht dazu; erst wo ihre Leistungsfähigkeit überfordert wäre, darf die Gemeinschaft helfend beispringen und ihnen die Leistung abnehmen, sie teilweise oder ganz auf sich übernehmen. So verstanden, stellt sich das Subsidiaritätsprinzip dem Kollektivismus und damit dem Solidaritätsprinzip entgegen. Gegenüber den übermächtigen kollektivistischen Tendenzen besteht deshalb ein dringendes Bedürfnis nach Subsidiarität.“ Oswald von Nell-Breuning[9] verweist zutreffend darauf, daß Pius XI. selbst das Subsidiaritätsprinzip gegenüber dem Solidaritätsprinzip in diesem Sinne verwandt hat, insbesondere gegen ein Übermaß von Staatsinterventionen, die zwar hilfreich sein wollen, tatsächlich aber die Selbsthilfe der einzelnen und der kleineren Lebenskreise beeinträchtigen, wenn nicht gar verunmöglichen, und dadurch der Entfaltung der eigenen Kräfte den Weg versperren. Und es ist gerade Oswald von Nell-Breuning, der in den letzten Jahrzehnten diesen inneren, substantiellen Zusammenhang von Solidaritätsprinzip und Subsidiaritätsprinzip betont hat. Er formuliert sogar zugespitzt: „Um das Gemeingut zu verwirklichen, kann und wird die Gemeinschaft außer den institutionellen Maßnahmen ihren Gliedern auch individuelle Leistungen zuwenden. In der Familie geschieht dies in allergrößtem Umfang: Was die Eltern jedem einzelnen ihrer Kinder an Liebe und an Diensten erweisen, übersteigt bei weitem das Institutionelle. Gerade durch diese Liebes- und Diensterweise aber tragen die Eltern am allermeisten dazu bei, daß die Werte, die das Gemeingut der Familie ausmachen, verwirklicht werden und alle Glieder der Familie daran teilhaben. Eben hier wird aber auch am deutlichsten ersichtlich, daß die rechte elterliche Hilfe darin besteht, die Selbsthilfe und Selbst-

[9] *Oswald von Nell-Breuning,* Beiträge zu einem Wörterbuch der Politik, Heft III. Die Soziale Frage, Freiburg i.Br. 1949, S. 29.

verantwortung der Kinder zu entwickeln. Aber auch die größeren und größten Sozialgebilde haben nicht nur institutionelle Maßnahmen zu treffen, um ‚Grundchancen' zu bieten, sondern schulden auch den einzelnen Gliedern individuell-konkrete Hilfe, gegebenenfalls in Form von materiellen Zuwendungen. Soweit die diesbezüglichen Mitgliedschaftsrechte nicht, wie bei den gewillkürten Vergesellschaftungen, unmittelbar aus der selbstgegebenen Satzung abzulesen sind, muß das, was Glied und Ganzes wechselseitig zu beanspruchen haben bzw. einander schulden, aus der Natur der Sache und damit letzten Endes vom bonum commune hergeleitet werden. Hier kommt das Solidaritätsprinzip zum Tragen. Da es sich dabei aber um ‚subsidium afferre' und um die genauere Umschreibung des ‚subsidiarium officium' der jeweiligen Gemeinschaft handelt, kann man sich mit Recht auf das Subsidiaritätsprinzip stützen und von individueller oder auch individualrechtlicher Subsidiarität sprechen. ... Hier zeigt sich deutlich, wie eng Subsidiaritätsprinzip und Solidaritätsprinzip zusammenhängen. Beide sind im Grunde Entfaltungen des Zentralbegriffs ‚bonum commune', und bis zu einem Grad ist es willkürlich, ob man den Gehalt dieses Zentralbegriffs unter dem Stichwort der Subsidiarität oder der Solidarität entfaltet."[10]

Hier ist es angezeigt, die Komplexität, den inneren geistigen Bezug von Solidaritätsprinzip und Subsidiaritätsprinzip zu würdigen, nicht nur, weil dieser in der gegenwärtigen theologischen, philosophischen, sozialwissenschaftlichen und rechtlichen Diskussion fast völlig übersehen wird, sondern weil sich noch ein überaus erschreckend aktueller, vor allem politischer Aspekt, mit dieser Komplexität verbindet: Denn im Gegensatzpaar von Solidarität und Subsidiarität oder – wie dies völlig richtig Nell-Breuning formuliert hat – im Aufbau von Solidarität auf der Grundlage der Subsidiarität als Entfaltung des Zen-

---

[10] *Oswald von Nell-Breuning,* Stichwort „Subsidiarität", in: Staatslexikon Recht, Wirtschaft, Gesellschaft, hg. von der Görres-Gesellschaft, Freiburg i.Br. [6]1962 Bd. 7, Sp. 826 (830f.).

tralbegriffs „bonum commune“ gibt sich noch ein anderes Gegensatzpaar preis: Mein Lehrer Fechner hat in seinem 1952 gehaltenen Vortrag über Freiheit und Zwang im sozialen Rechtsstaat darauf hingewiesen, wenn er formuliert: „Nur wenn der einzelne von der sachgegebenen Situation, von seinen realen Alltagsgegebenheiten her wieder in das Ganze hineinfindet, wird es möglich sein, einen Sozialstaat zu verwirklichen, in dem die Freiwilligkeit den Zwang in Grenzen hält, wird eine sich selbst bescheidende Freiheit zu retten sein in einem Staat, der zugleich Sozialstaat und Rechtsstaat ist. Nur so wird ein angemessenes Verhältnis zwischen Zwang und Freiheit herzustellen und aufrechtzuerhalten sein. Nur so wird verhindert werden, daß zum zweiten Male eine schrankenlose und mißverstandene, d.h. totale Freiheit vom totalen Zwang aufgefressen wird.“[11] In der Tat konkretisieren Solidaritätsprinzip und Subsidiaritätsprinzip den Gegensatz von Freiheit und Zwang, denn die Solidarität kann im Rechtssystem dort, wo die Solidarität im Sinne des bonum commune gefordert ist, auf den Zwang nicht verzichten, um die Solidarität zu retten und zu realisieren. Aber dieser Zwang kann nur legitimiert werden durch den freiwilligen Einsatz von unten, was zugleich bedeutet, daß die Sozialstaatlichkeit nur verwirklicht werden kann durch das Subsidiaritätsprinzip, wenn sie die Rechtsstaatlichkeit nicht preisgeben will. Denn daß jeder Maßnahme von oben eine Tendenz zum Zwang und eine Totalitätstendenz innewohnt, hat bedauerlicherweise die historische Erfahrung gezeigt. Sie muß durch den Willen von unten, das Notwendige von selbst zu tun, durch das Subsidiaritätsprinzip aufgehalten werden, um die Freiheit vor dem Zwang zu realisieren. Und damit bin ich wieder bei Goethe und zugleich bei den Grundakkorden unseres Themas von Grund und Mißbrauch der Solidarität. Denn die Welt als großes Hospital und einer des anderen humaner

---

[11] *Erich Fechner,* Freiheit und Zwang im sozialen Rechtsstaat, in: Ernst Forsthoff (Hg.), Rechtsstaatlichkeit und Sozialstaatlichkeit, Darmstadt 1968, S. 73 (92ff., 94).

Krankenwärter kann nur dem Zwang des Solidaritätsprinzips entsprechen. Aber um der Freiheit willen kann das Solidaritätsprinzip nur dann das bonum commune verwirklichen, wenn es zugleich das Subsidiaritätsprinzip in sich aufnimmt und realisiert. Der Mißbrauch der Solidarität beginnt deshalb zuallererst dort, wo das Solidaritätsprinzip das Subsidiaritätsprinzip mißachtet. Ist es nicht seltsam, daß gerade über diesen Zusammenhang von Solidarität und Subsidiarität fast ausnahmslos das gesamte wissenschaftliche Oeuvre der Gegenwart, der letzten Jahrzehnte schweigt. „Der Sozialstaat lebt aus der Leistungsbereitschaft der Bürger. Er zerstört seine eigene Daseinsvoraussetzung, wenn er über sein Umverteilungssystem auf der einen Seite den Arbeitsertrag aufzehrt und auf der anderen ein wohlfeiles, arbeitsloses Sozialeinkommen anbietet, und damit ein soziales Anspruchshyänentum züchtet. Ein Sozialstaat, der das Subsidiaritätsprinzip nachhaltig mißachtet, der Reiz und Risiko der Leistung aufhebt und die wirtschaftliche Aktivität durch Sozialopiate korrumpiert, bereitet sich selbst den Untergang.“[12] Genau darum geht es auch heute. Solidarität ohne Subsidiarität ist der Zwang eines Welthospitals totalitärer Tendenz, der zudem im Sinne Max Schelers[13] das Übel, auf das man so einseitig blickt, erst bewirkt. Und zugleich mit dem Schaffen neuer Übel wird die Freiheit ersetzt durch den totalen Zwang, weil das Solidaritätsprinzip zum Dogma erhoben die Subsidiarität verletzt und damit den Zwang der Freiheit vorzieht.

II.

Verzeihen Sie die lange Einleitung, aber sie erschien mir leider aufgrund des gegenwärtigen Diskussionsstandes in der Wissenschaft notwendig, um Sie für die konkreten Probleme von Grund und Mißbrauch der Solidarität im System der sozia-

---

12 *Josef Isensee,* Der Sozialstaat in der Wirtschaftskrise, in: FS Johannes Broermann, Berlin 1982, S. 365 (390).

13 *Scheler* (N 2), S. 309.

len Gerechtigkeit hinreichend zu sensibilisieren. Das System der sozialen Gerechtigkeit in der Bundesrepublik Deutschland muß zunächst eine sehr engstirnige, nur historisch begründbare Trennung überwinden, denn Arbeits- und Sozialrecht sind als historische Geschwister die gemeinsame Antwort des Rechts- und Sozialsystems auf die soziale Frage des 19. Jahrhunderts, auf die Arbeiterfrage der ersten industriellen Revolution. Den Problemen der Arbeit, der Arbeitsbedingungen und des Arbeitslohnes, den Problemen einer heute kaum mehr nachvollziehbaren Ausbeutung, entsprachen zugleich die Probleme des Defizites an Arbeitskraft, Arbeit und Arbeitslohn einschließlich einer heute kaum mehr nachvollziehbaren Schutzlosigkeit gegenüber den existentiellen Gefahren für Gesundheit, Arbeitsfähigkeit und Alter. So entstand tätigkeitsbezogene Not im wechselseitigen Verhältnis zur sozialen Not im engeren Sinne. In gleichem Maße wie das Arbeitsrecht insoweit nach dem Solidaritätsgrundsatz durch die Entwicklung kollektivrechtlicher Regelungsinstrumente auf der tarifvertraglichen, auf der arbeitskampfrechtlichen sowie auf der betrieblichen Ebene reagierte, ist es der Bismarckschen Sozialgesetzgebung auf öffentlich-kollektiver Ebene gelungen, der Not des einzelnen Arbeitnehmers durch ein System sozialen Ausgleichs auf der Basis des Solidaritätsprinzips der zu kollektivrechtlichen Risiken gewandelten Einzelrisiken zu begegnen. Die enorme, bis heute belegbare Sprengkraft und Fruchtbarkeit beider Lösungsansätze lag also im gemeinsamen Anknüpfungspunkt begründet: Die Not des einzelnen, seine Unfähigkeit zur Bewältigung tätigkeitsbezogener wie sozialer Risiken nach dem Subsidiaritätsprinzip, war jeweils im Kollektiv der Arbeitnehmerschaft, das Teil der Gesellschaft, aber nicht die Gesellschaft selbst war, aufgefangen, mit anderen Worten innerhalb der Arbeitnehmerschaft kollektiviert auf der Basis des Subsidiaritätsgrundsatzes. In beiden Fällen war die Antwort des Rechtssystems allerdings zunächst nur eine Reaktion auf die soziale und politische Kollektivierung innerhalb der Arbeiterschaft selbst. Aber das Rechtssystem hat eben diese kollektiven

Lösungen auf der Basis des Solidaritätsprinzips in sich aufgenommen, legitimiert und solidarisch neu begründet. Die bis heute originäre Lösung des Rechtssystems liegt sowohl in arbeitsrechtlicher wie in sozialrechtlicher Hinsicht darin, daß beide, auf einer spezifisch solidarischen Organisationsform aufbauend, im arbeitsrechtlichen freiwilligen Zusammenschluß der Tarifvertragsparteien und im Tarifvertragssystem, aber auch im zwangsweisen Zusammenschluß der Belegschaft hinsichtlich des Betriebsrates einerseits und sozialversicherungsrechtlich in den solidarischen Versichertengemeinschaften als solidarische Risikoträger mit ihrer Selbstverwaltung andererseits zum Ausdruck kommen. Daß dabei die individuelle Rechtsstellung des einzelnen, seine private Rechtsstellung und seine privaten Rechtsbeziehungen aus der Sicht des Rechtssystems unter dem Blickpunkt des Subsidiaritätsprinzips weithin außer Betracht bleiben mußten, lag um so näher, als historisch gesehen der von beiden Regelungssystemen erfaßte Arbeitnehmer materiell nicht als „Bürger" und folglich im Sinne des damals geltenden Rechtssystems im 19. Jahrhundert nicht als ein das eigene Existenzrisiko nach dem Subsidiaritätsprinzip zu beurteilendes, tragendes Individuum zu qualifizieren war. Vereinfachend läßt sich sagen, daß der Schutz des Arbeitnehmers sowohl im Arbeits- wie im Sozialrecht durch die rechtlich verfaßte Solidargemeinschaft, nicht aber als Individuum in der Gesellschaft nach den Grundsätzen des Subsidiaritätsprinzips erfolgt ist.

Die Fruchtbarkeit und sozialpolitische Ergiebigkeit des Kollektivrechtlichen, das ist in der Tat der solidarische Ansatzpunkt seitens des Rechtssystems, hat sich dann erneut in der Zeit der Weimarer Republik zwischen den beiden Weltkriegen in Deutschland erwiesen.[14] Für das Arbeitsrecht erbrachte der Zeitraum von 1918 - 1933 aufgrund Art. 165 der Weimarer Reichsverfassung eine Fülle vorwiegend kollektivrechtlicher,

---

[14] Zu den sozialpolitischen Reformbestrebungen in der Weimarer Republik: *Johannes Frerich / Martin Frey*, Handbuch der Geschichte der Sozialpolitik in Deutschland, Bd. 1, München 1993, S. 174ff.

auf den Solidaritätsgrundsatz gegründeter Gesetze, aber diese hatten im Grunde bis zur Einführung der Arbeitsgerichtsbarkeit im Jahre 1926 ebenso adaptiven Charakter wie die Fülle sozialrechtlicher Gesetze im gleichen Zeitraum. Der durch die Nachkriegszeit entstandene Nachholbedarf bereits weithin vollzogener, tatsächlicher solidarischer Entwicklungen machte in beiden Bereichen eine intensive aufarbeitende Gesetzgebungstätigkeit erforderlich, ohne daß vertieft über die Grundlagen nachgedacht wurde. Gleichwohl gelangten ebenso wie im Arbeitsrecht so auch im Sozialrecht neue Tendenzen zum Durchbruch, wie die Normierung des Kassenarztrechtes, die Einführung der Arbeitslosenversicherung und die Ansätze eines Fürsorge- und Versorgungsrechtes. Gleichwohl bleibt bei aller Hochschätzung der gesetzgeberischen Tätigkeit der Weimarer Republik zu betonen, daß sich der Gesetzgeber weithin in den Bahnen des durch das 19. Jahrhundert bereits vorgezeichneten Regelungsschemas des Solidaritätsprinzips gehalten hat. In beiden Rechtsbereichen hat die Einführung der Demokratie und die Entwicklung der älteren Arbeitnehmerschutz-Kollektive zur Gesellschaft kaum rechtliche Würdigung erfahren, was zur Folge hatte, daß das Subsidiaritätsprinzip schlicht auf der Strecke blieb.

Die Zeit des Nationalsozialismus von 1933 bis 1945 ist trotz verdienstvoller Einzeluntersuchungen bis heute weder für das Arbeitsrecht noch für das Sozialrecht grundlegend aufgearbeitet: Beide Systeme waren aber dem antidemokratischen, totalitären Regime relativ wehrlos ausgeliefert, weil sie so dominierend kollektivrechtlichen Regelungsgesichtspunkten des Solidaritätsprinzips verpflichtet waren, ohne daß ein normativ abgeklärtes Verhältnis zur individualen Stellung des einzelnen in der Gesellschaft nach dem Subsidiaritätsprinzip zuvor gelungen war.[15] So konnte sich der nationalsozialistische Gesetzgeber damit „begnügen“, anstelle der Tarifvertragsparteien und

15 Zur nationalsozialistischen Sozialversicherungspolitik *Frerich/Frey* (N 14), S. 289ff.

ihrer Tarifverträge eine autoritäre Ordnung mittels staatlicher Arbeitsbehörden unter Einschluß der Partei bei gleichzeitiger Beseitigung der Gewerkschaften und Auflösung der Arbeitgeberverbände einzusetzen und den Tarifvertrag durch die obrigkeitliche Tarifordnung zu ersetzen, wie dies noch Jahrzehnte später Praxis der DDR gewesen ist. Ebenso mußte der nationalsozialistische Staat „lediglich“ im sozialversicherungsrechtlichen Bereich die Selbstverwaltung beseitigen, den Versicherungsträgern staatlich ernannte Leiter an die Spitze stellen und die ehemaligen Selbstverwaltungsorgane auf die Funktion eines parteipolitisch beeinflußten Beirates reduzieren. Mit diesen organisatorischen Eingriffen gelang es dem nationalsozialistischen System, beide Rechtsgebiete, die einseitig auf das solidarische kollektivrechtliche Regelungssystem vertraut hatten, in das veränderte, totalitäre Gesellschaftssystem einzubauen. Damit kann und soll keineswegs geleugnet werden, daß auch im Nationalsozialismus Regelungen geschaffen wurden, die zum Wohl der Arbeitnehmerschaft arbeitsrechtlich wie sozialrechtlich beigetragen haben. Aber in beiden Rechtsgebieten war die äußere „Befriedung“ des Arbeitslebens, das in seiner zweifachen Not Anstoß sowohl für die Entwicklung des Arbeitsrechtes wie des Sozialrechtes gegeben hatte, teuer genug bezahlt mit der Friedhofsruhe des unmenschlichen Totalitarismus, mit dem Verlust der Freiheit und der Selbstbestimmung der Arbeiterschaft, mit der Negierung des Subsidiaritätsprinzips.

Die Bilanz der nationalsozialistischen Herrschaft und des Krieges war katastrophal: Das Deutsche Reich hatte aufgehört zu existieren; die rechtsetzende und vollziehende Gewalt war auf Militärbehörden der Siegermächte übergegangen. Die wirtschaftlichen Kapazitäten im verbliebenen Deutschland waren im Bereich aller Wirtschaftszweige auf 70 - 80 %, im industriellen Bereich auf 30 - 35 % des Standes von 1937 gesunken. Die unzureichend ernährte, unter Wohnungsnot leidende Bevölkerung nahm ungeachtet der hohen Kriegsverluste durch den

Zustrom von Flüchtlingen und Vertriebenen sprunghaft zu. Daß sich in dieser Situation unter größten existentiellen Schwierigkeiten das kollektivrechtliche, solidarische System „von unten“ langsam wieder aufbaute, selbstverständlich und zwangsläufig unter Anknüpfung an die Traditionen, wie sie die Weimarer Republik ausgeformt hatte, kann weder im Arbeitsrecht noch im Sozialrecht verwundern: So wie im Arbeitsrecht der Wiederaufbau im Rechtssinne zunächst über die Betriebsräte, dann über die Gewerkschaftsbewegung und später durch die Gründung von Arbeitgeberverbänden einschließlich der Zulassung von Tarifverträgen nach den Grundsätzen des Solidaritätsprinzips erfolgte, hat sich der Anfang im Bereich des Rechts der sozialen Sicherheit zunächst über das Sozialversicherungsrecht unter Außerkraftsetzung rein nazistisch motivierter Regelungen vollzogen. Aufgrund fehlender oder geminderter Beitragseinnahmen mußte die Sozialversicherung zwar ihre Leistungen reduzieren, aber sie konnte diese Beschränkungen bereits in den Jahren 1946/47, zumindest in den Jahren 1948/49 weitgehend wieder rückgängig machen. Bemerkenswert bleibt allerdings, daß der Grundgesetzgeber trotz offenkundiger Existenznotwendigkeit und bewährter Grundstruktur der Sozialversicherung dem Grundgesetz in dieser Hinsicht keinen Gestaltungsauftrag eingefügt hat, weil der Grundgesetzgeber selbst vorrangigen Wert auf die Normierung persönlicher Grundrechte, auf die Regelung des Verhältnisses zwischen Individuen und Staat und Kollektiven sowie auf die Festlegung staatlicher Verfahrensregeln legte und deshalb zutreffend dem Subsidiaritätsprinzip ungeachtet der schwierigen sozialen und wirtschaftlichen Verhältnisse den Vorrang gab.[16] So hat die Zurückhaltung des Grundgesetzgebers in bezug auf die inhaltliche Festlegung einer Wirtschafts-, Sozial- und Arbeitsverfas-

---

[16] Näher *Christian-Friedrich Menger,* Der Begriff des sozialen Rechtsstaats, in: Ernst Forsthoff (Hg.), Rechtsstaatlichkeit und Sozialstaatlichkeit, Darmstadt 1968, S. 42 (57ff.); *Hans Gerber,* Die Sozialstaatsklausel, a.a.O., S. 340ff.

sung eine subsidiäre Offenheit des Grundgesetzes bewirkt, die sowohl Ausdruck verfassungsgeberischer Weisheit als auch Beleg für die gesetzgeberische Erkenntnis ist, daß zur Zeit der Beratung und Verabschiedung des Grundgesetzes faktisch die Entscheidungen für soziale Marktwirktschaft, tarifpartnerschaftlich gestaltete Arbeitsbedingungen und Fortbestand des bisherigen Sozialversicherungssystems bereits gefallen waren und damit die Kohärenz von Solidaritätsprinzip und Subsidiaritätsprinzip verfassungsrechtlich selbstverständlich war. Aber zugleich ist damit angesichts der bitteren Erfahrungen während der nationalsozialistischen Zeit der veränderte archimedische Punkt der neuen Gesellschaft markiert, der nicht dem Kollektiv – weder als Teil der Gesellschaft noch als Gesellschaft selbst –, sondern dem Individuum und damit dem Subsidiaritätsprinzip wieder den Vorrang zuweist. Das Sozialrecht hat aus dieser Kohärenz und der besonderen Bedeutung des Subsidiaritätsprinzips gegenüber dem Solidaritätsprinzip bis heute nicht die erforderlichen Konsequenzen gezogen.

Dies wird besonders offensichtlich, wenn man die Jahrzehnte von 1950 bis in die Mitte der siebziger Jahre betrachtet, welche die größte Expansionsphase des Wohlfahrtsstaates in der deutschen Geschichte brachten. Einerseits durch überaus intensive Gesetzgebungstätigkeit, andererseits durch eine Explosion der Sozialausgaben, die wesentlich rasanter stiegen als das Sozialprodukt. Damit ist in der Tat die soziale Sicherung aus einer Randlage des Subsidiaritätsprinzips ins Zentrum des Wirtschafts- und Gesellschaftsprozesses gerückt; sie ist – als gewaltiges Pumpwerk von Einkommensverteilung – eine strategische Größe der volkswirtschaftlichen Globalsteuerung geworden, die die Bedeutung des Bundeshaushaltes weit übersteigt; sie hat über die Bereitstellung medizinischer und sozialer Dienste einen schnell wachsenden volkswirtschaftlichen Produktionszweig entwickelt, sie entfaltet in verschiedener Hinsicht Breiten- und Tiefenwirkung auf die Lebenslage nahezu der gesamten Bevölkerung. Wie die Entwicklung des Rechts der sozialen

Sicherheit hat sich mit geringfügigen Abweichungen die Entwicklung des Arbeitsrechts vollzogen. Es hat sich in diesen Jahrzehnten vom Arbeitnehmerschutzrecht emanzipiert und ausgeweitet zu einem nunmehr fast alle Lebensbereiche umfassenden Rechtssystem der Arbeits- und Wirtschaftsbedingungen nicht nur der Arbeitnehmer, sondern auch weiter Teile der Selbständigen bis in die Kreise der Beamtenschaft hinein. Damit ist es zu einem entscheidenden Datum der Wirtschaftspolitik und der Wirtschaftsentwicklung für die Gesamtbevölkerung geworden. Das Arbeitsrecht ist heute Teil des Wirtschaftsverfassungsrechts und beileibe keineswegs mehr Teil eines Arbeitnehmerschutzrechts. Diese gemeinsame Expansion der historischen Geschwister Arbeitsrecht und Sozialrecht läßt aber bereits die Gefahr des Kollapses in der Gegenwart deutlich werden. Beide Rechtssysteme haben nämlich zugleich die ihrem Entstehen immanenten inhaltlichen Grenzen des Solidaritätsprinzips überschritten und das Subsidiaritätsprinzip vernachlässigt.

Dies wird deutlich, wenn man sich vor Augen hält, daß die Sozialversicherung in der Bundesrepublik an ihre natürlichen Grenzen gestoßen ist, nachdem sie rund 90% der Gesamtbevölkerung erfaßt, während sie sich zur Zeit ihrer Gründung auf 40% der Arbeitnehmer, das waren 10% der Gesamtbevölkerung, bezog und damit den Subsidiaritätsgrundsatz noch in vollem Umfang verwirklichte. Diese Expansion des Personenkreises kann in der Gegenwart keineswegs als beendet betrachtet werden, wenn man beispielsweise die Öffnung der Sozialversicherung auf weitere Personenkreise diskutiert und die Rentenversicherung ohnehin zu einem Gesamtbevölkerungs-Alterssicherungssystem umfunktionieren will. Bezieht man die Bedeutung des Versorgungsrechtes, des Sozialhilferechtes sowie die disparaten Versicherungs- und Fürsorgetatbestände des Arbeitsförderungsgesetzes in die Betrachtungen ein, so wird deutlich, daß das Recht der sozialen Sicherheit der Bundesrepublik Deutschland nunmehr fast alle Lebenssachverhalte von

Relevanz normativ erfaßt und damit zumeist direkt, zumindest aber indirekt alle Menschen der Bundesrepublik in seinen Regelungsbereich einbezieht. Damit muß aber zugleich das Sozialrecht in ein freiheitsbedrohendes Spannungsverhältnis zum einzelnen treten, es gerät zudem in Gefahr, das zu schützende Kollektiv – wie es historisch entstand – aufgrund des Solidaritätsprinzips in dem Maße an die Massengesellschaft zu verraten, in dem das geschützte Kollektiv nicht mehr Teil der Gesellschaft, sondern zur Gesellschaft selbst geworden ist und folglich das Subsidiaritätsprinzip sträflich vernachlässigt.

Hand in Hand mit der Expansion des von dem Recht der sozialen Sicherheit erfaßten Personenkreises hat sich eine Expansion des Leistungskatalogs des sozialrechtlichen Regelungssystems vollzogen. Die Einbeziehung von Leistungen von der Geburt bzw. Schwangerschaft bis zum Tod einschließlich des Schwangerschaftsabbruchs in die Krankenversicherung, die Ausdehnung des Versicherungsschutzes bei Wegeunfällen der Unfallversicherung, die Einbeziehung von Rehabilitationsleistungen in die Rentenversicherung, die Einführung der neuen Sozialversicherungsleistung Konkursausfallgeld in der Arbeitslosenversicherung, die völlig neue Sozialversicherung Pflegeversicherung, all dies sind wenige beispielhafte Stichworte. Hinzu kommt weiterhin eine Ausdehnung von Sozialleistungen, die kaum mehr Kontakt mit den sozialversicherten Leistungsfällen besitzen, nämlich Ausgleichssysteme wie Kindergeld und Wohngeld, Entfaltungshilfen wie Ausbildungsförderung, Arbeitsförderung und Förderung der Vermögensbildung, indirekte Leistungen wie Steuerermäßigungen und Vergünstigungen im Wohnungsbau, nicht zuletzt die betrieblichen Sozialleistungen einschließlich der betrieblichen Altersversorgung. Deshalb geht es heute nicht mehr nur um Besitzstände von Minderheiten, vielmehr hat jeder Bürger etwas zu verlieren. „Kindergeld und Mutterschutz, Wohngeld, Sozialmiete und Wohnungsbauförderung, Ausbildungsförderung für Studenten und Schüler, Lohnfortzahlung im Krankheitsfall für Arbeitnehmer und Krankenkassenprivilegien für Rentner, Fahrpreis- und Telefongebührenermäßigungen für Behinderte, Steuerprivilegien für Professoren und Ministerialbeamte, Agrarsubvention, Bergbausubvention, Schiffsbausubvention, Filmsubvention; Hilfe für die Randgruppen, Hilfe für den Mittelstand, Hilfe für das Großunternehmen, das, wenn es eine arbeitsmarktpolitisch relevante Menge an Arbeitsplätzen gibt, sich auf eine ungeschriebene Staatsgarantie gegen die Konkursgefahr verlassen kann."[17] Hierdurch hat das Sozialrecht seinen historischen Kontext des Solidaritätsprinzips verlassen; es ist vom Schutzinstrument in der Not zum Bedürfnisbefriediger der Wohlfahrtsgesellschaft geworden; ein Wandel, der, nicht nur geschichtlich, sondern gegenwartsbezogen betrachtet, den Verrat belegt an denen, die ungeachtet alles anderweitigen Wohlstands des Schutzes noch immer oder erst recht heute bedürfen.

Darüber hinaus ist neben der Ausweitung des erfaßten Personenkreises und der Expansion des Leistungsbereiches kritisch zu konstatieren, daß die sozialen Geldleistungen, soweit sie im Recht der sozialen Sicherheit den Ausfall von Arbeitseinkommen auffangen sollen, weithin die Höhe des Arbeitseinkommens erreichen, im Sozialhilferecht mit steigender Kinderzahl das durchschnittliche Arbeitseinkommen sogar übersteigen. Durch die Angleichung der sozialen Geldleistungen an die Arbeitseinkommen tritt zugleich ein Funktionswandel ein, da diese nun nicht mehr „nur den Absturz in die Not verhindern, sondern den am Arbeitseinkommen gemessenen relativen sozialen Status sichern" sollen. Zweifellos ist diese Tendenz zur Sicherung des erworbenen Lebensstandards im Rahmen der Altersversorgungssysteme am meisten ausgeprägt. Aber der Funktionswandel des Sozialrechts und der Sozialpolitik aufgrund des Solidaritätsgrundsatzes, der sich in der Sicherung des relativen sozialen Status anstelle der Abwehr von Notlagen zeigt, hat alle Leistungsbereiche des Sozialrechtssystems erfaßt

[17] *Isensee* (N 12), S. 368.

und in den letzten Jahrzehnten geprägt. Dabei kann und darf die historische Errungenschaft der Sozialleistungen mit Lohnersatzfunktion nicht bestritten werden. Aber darum geht es heute primär nicht mehr. Die Lohnersatzleistungen für alle, auch wenn sie nicht gearbeitet haben, obwohl sie konnten, das ist es, was die Arbeitenden diskriminiert. Durch die faktische Ausdehnung der Lohnersatzleistungen über die Solidargemeinschaft hinaus, über den Solidargrundsatz und die solidarische Abwehr einer nach wie vorbestehenden Not hinaus wird die Solidargemeinschaft selbst in ihrem historischen Selbstverständnis tief verwundet. Und noch innerhalb der Solidargemeinschaft stellt sich die Frage der arbeitenden Mitglieder an ihre nichtarbeitenden Mitglieder nach der Rechtfertigung vollen Lohnersatzes mit zunehmender Dringlichkeit, denn die Arbeit tun die anderen. Aber noch will kaum jemand diese Stimmen hören, vor allem, wenn man die publizitätsträchtigen Äußerungen von Funktionären zur Absenkung der Lohnfortzahlung im Krankheitsfalle auf 80% berücksichtigt. Dabei ist es Gemeingut sowohl der Rechts- wie der Sozialwissenschaften, daß der Kranke auch durchaus nicht unerhebliche Einsparungen hat, weshalb der Gesetzgeber nach Durchführung entsprechender Untersuchungen bereits vor über 20 Jahren feststellen konnte, daß 80% des zuletzt bezogenen Arbeitsentgeltes in mehr als vollem Umfange ausreichend sind, um den Lebensstandard des Kranken während der Krankheit ohne aktive Arbeit zu sichern. Wenn dies nunmehr außerhalb der Lohnfortzahlung auf 70% und während der Lohnfortzahlung auf 80% abgesenkt wird, so bewegen sich diese politischen Entscheidungen im Rahmen aller verfügbaren empirischen Untersuchungen, denen zufolge auch mit einer solchen Absenkung das Lebensstandard-Sicherungsprinzip des Kranken in vollem Umfang gewahrt werden kann. Wenn gleichwohl heute weithin Empörung herrscht, so wird schlicht übersehen, daß die Absenkung des Krankengeldes, sei es vom Arbeitgeber oder von der Krankenkasse zu zahlen, einfach auf der Einsparung von Ausgaben des Kranken im Verhältnis zu dem aktiv Arbeitenden beruht. Es erstaunt mich immer, daß man in der gegenwärtigen Diskussion überhaupt nicht fragt, worin die Legitimation liege, daß ein kranker Arbeitnehmer oder Beamter 100% seiner Bezüge weiter bekommt, obwohl er nachweisbar Einsparungen besitzt. Hier zeigt sich bereits eklatant ein Anspruchsdenken, das das Solidaritätsprinzip in einer Weise negiert, die erstaunen macht. Daß das Subsidiaritätsprinzip dabei in der gegenwärtigen Diskussion überhaupt keine Rolle spielt, kann aufgrund der ideologischen Voreingenommenheit weiter Teile der Gesellschaft nicht verwundern.

Das Sozialrecht läßt insgesamt eine weitgehende Dynamisierung der Sozialleistungssysteme erkennen, die in erheblichem Maße und zunehmend in Widerspruch zum Subsidiaritätsprinzip treten muß. Dabei wird die historische Erfahrung des Sozialrechts selbst – wohl vorsätzlich – unterschlagen: Die heute politisch und gesellschaftlich fast zwangsläufig vorgegebene Einbahnstraße der sozialrechtlichen Gesetzgebung scheint nur eine Weiterentwicklung der Dynamisierung nach vorn zu kennen, wie sich beispielsweise in der Pflegeversicherung dokumentiert, als wenn es erst Inflationen, Weltkriege, wirtschaftlicher Depressionen und Nöte bedürfe, um ein Erwachen – in einer dann schier ausweglosen Situation – zu bewirken. Im Gegensatz zur Geschichte des Sozialrechts ist ihre Ideologie einer überfrachteten Solidarität in hohem Maße resistent gegen rationale Argumentation. „In dieser Ideologie erfüllt sich sozialfromme Erbaulichkeit, die sich der Einsicht in ökonomische Tatsachen verschließt. In ihr regt sich sozialvisionäre Hoffnung, die über die Grenzen der Machbarkeit hinausschießt auf ein endzeitliches Heilsziel hin, das soziale Schlaraffenland, in dem jedem nach seinen Bedürfnissen zuteil wird."[18] Dann wären wir allerdings in der Tat mit Goethe bei dem Zustand, daß die Welt ein großes Hospital und einer des anderen humaner Krankenwärter wäre. Die historische Entwicklung des ver-

---

[18] *Isensee* (N 12), S. 366.

gangenen Jahrhunderts zeigt dagegen ein anderes Sozialrecht, das wach und rational die Nöte erkennt und unter Berücksichtigung des Subsidiaritätsprinzips anpackt. Wir müssen uns nur wieder darauf besinnen.

Bereits in meinem Gutachten zum 55. Deutschen Juristentag im Jahre 1984[19] habe ich fruchtlos die Forderung nach einer Resozialisierung des Sozialrechts mit der Begründung erhoben, daß hinter allem Bemühen um eine Korrektur ein materielles Prinzip stehen müsse, das im Rahmen des Sozialrechts an erster Stelle dem Kampf gegen die Not zu dienen habe. Denn wenn das Sozialrecht das Sozialstaatsgebot der Verfassung ernst nähme, dann führe kein Weg an der Erkenntnis vorbei, daß es sich zu einem Rechtssystem vorrangiger Besitzstandswahrung nicht eignen kann und nicht eignen darf. Das Solidaritätsprinzip muß sich des Subsidiaritätsprinzips als seiner anderen Seite gewärtig sein. Resozialisierung des Sozialrechts als permanenter Auftrag an den Sozialstaat bedeutet deshalb mit anderen Worten ständige, wiederkehrende Überprüfung des Rechts der sozialen Sicherheit hinsichtlich der Aufnahme sozialer Notlagen und hinsichtlich des Ausscheidens von Besitzstandspositionen, die den politisch wie ethisch so wirkungsvollen Titel sozial nicht mehr verdienen. Trotz der unabweisbaren sozialen Zwänge und Dringlichkeiten bei der Versorgung älterer Menschen im Rahmen der heutigen Pflegeversicherung hätte der Gesetzgeber unter Beachtung des Subsidiaritätsprinzips und unter Beachtung des Persönlichkeitsschutzes älterer Menschen andere Regelungen treffen müssen, als sie gegenwärtig die Pflegeversicherung prägen. Noch schlimmer ist, wenn die Solidargemeinschaft Personen und Bevölkerungskreise einbeziehen muß, deren Einbeziehung weder Not noch soziale Notwendigkeit erfordert, sondern beispielsweise das finanzielle Interesse des Staates an einer Entlastung der ihn ohnehin auf-

[19] *Meinhard Heinze*, Möglichkeiten der Fortentwicklung des Rechts der Sozialen Sicherheit zwischen Anpassungszwang und Bestandsschutz, Gutachten E zum 55. Deutschen Juristentag, München 1989, E 76f.

grund der bestehenden Fremdlasten treffenden Zahlungspflichten. Hier wird nicht nur das Sozialstaatsprinzip, sondern auch und gerade der Solidaritätsgrundsatz wegen Verletzung des Subsidiaritätsprinzips verletzt. Hier verstößt der Gesetzgeber dann nicht nur selbst gegen das Sozialstaatsprinzip, sondern er verletzt das Sozialrecht und das Subsidiaritätsprinzip wegen der Verkennung und wegen fehlender Einräumung des Subsidiaritätsprinzips in das Soziale in seinem Kern.

III.

Grund und Mißbrauch der Solidarität im System der sozialen Sicherheit werden aber nicht nur im Spannungsverhältnis oder genauer in ihrer kombinatorischen Zusammenfügung von Subsidiarität und Solidarität deutlich; vielmehr weist das Solidaritätsprinzip selbst inhaltliche Grenzen auf, bei deren Überschreitung das Solidaritätsprinzip seine rechtfertigende Grundlage verliert, insbesondere dem Mißbrauch Tür und Tor geöffnet ist. Fragt man deshalb nach dem Kern der Solidarität, nach dem Ausgangspunkt des Solidaritätsprinzips, dann tritt als wesensbestimmendes Merkmal die Solidargemeinschaft in den Vordergrund. In ihr hat das Solidaritätsprinzip vor allem im Rahmen der Sozialversicherung den stärksten und zugleich konkretesten Ausdruck gefunden.

Zugleich wird allerdings etwas Überraschendes sichtbar, denn die Solidargemeinschaft im Sozialversicherungsrecht ist gerade keine Ausprägung des besonderen sozialen Schutz- und Ausgleichsgedankens, wie er gemeinhin dem Sozialrecht unterstellt wird. Die Solidargemeinschaft der Sozialversicherung ist nichts anderes als die Solidargemeinschaft auf der Basis des Versicherungsprinzips.

Als sich im 14. Jahrhundert in Italien aus dem Seedarlehen der Versicherungsvertrag herausschälte, und zwar für die Seeversicherung von Waren und Schiffen, war die Entwicklung der Solidargemeinschaft auf der Basis des Solidaritätsprinzips gelungen.[20] Nichts anderes gilt hinsichtlich der germanischen Gilden, bei denen es sich um Nachbildungen der natürlichen Geschlechterverbände im Mittelalter handelt und in denen die Rechtswissenschaft die Anfänge der Gegenseitigkeits-Versicherungsverbände erblickt.[21] Während sich der romanisch-italienische Solidarverband der Seeversicherung erst allmählich verbreitet, namentlich über Spanien, und erst im 16. Jahrhundert Eingang in England fand, indes er in den anderen Ländern zuerst im 17. und 18. Jahrhundert heimisch wurde, finden sich die Versicherungsgilden bereits im 10. bis 13. Jahrhundert; als Randgilden verbreiten sie sich bereits im 15. Jahrhundert vor allem in Norddeutschland.

Gemeinsam ist beiden Entwicklungssträngen die Entdeckung der Solidargemeinschaft, und zwar unabhängig davon, ob es sich um einen eigennützigen Versicherungsträger oder um eine uneigennützige Versicherung auf Gegenseitigkeit handelt. Es war das Solidaritätsprinzip der Solidargemeinschaft der Versicherung, die Leibniz in seiner Versicherungsdenkschrift aus dem Jahre 1697 preist und analysiert.[22] Zwar brachte erst das 18. Jahrhundert, das Zeitalter der Aufklärung, den Solidargedanken in der Praxis des Versicherungswesens zu voller Blüte, aber seine Entwicklung war schon Jahrhunderte zuvor vollzogen. Goethe hat das Solidaritätsprinzip der Solidargemeinschaft sehr klar erkannt, wie seine begeisterten Worte im siebten Kapitel des achten Buches von Wilhelm Meisters Lehrjahren belegen.

Und in der Tat hat Bismarck, wie die moderne Forschung belegt, sehr vorausschauend alle möglichen Alternativen zivilrechtlicher Haftung und Sicherstellung verworfen und entspre-

---

20 Vgl. zur Geschichte des Versicherungswesens *Hans Schmitt-Lehrmann,* Der Versicherungsgedanke im deutschen Geistesleben des Barock und der Aufklärung, München 1954, S. 5ff.

21 Näher von *Julius Gierke,* Versicherungsrecht unter Ausschluß der Sozialversicherung, 1. Hälfte, Stuttgart 1937, S. 10ff.

22 Dazu m.w.N. *Schmitt-Lehrmann* (N 20), S. 45ff.

chend der Ankündigung in der kaiserlichen Botschaft das Versicherungsprinzip mit der Solidargemeinschaft aufgegriffen und zunächst im Unfallversicherungsgesetz von 1884 realisiert. Dies war keineswegs selbstverständlich, wie das Gesetzgebungsverfahren im einzelnen deutlich macht;[23] ja im Gegenteil, man muß den Lösungsansatz von Bismarck geradezu als revolutionär im damals geltenden Rechtssystem begreifen. Bis heute wird aber internationalrechtlich die besondere Leistung des deutschen Sozialrechts im Bereich der Sozialversicherung in der Entwicklung eines sozialen Versicherungsprinzips auf der Basis der Solidargemeinschaft als Strukturprinzip der Sozialversicherung unter Einbeziehung von Strukturelementen sozialer Vorsorge und sozialer Fürsorge bewundert und nachgeahmt.

Zugleich ergeben sich aber hieraus auch die Grenzen des Solidaritätsprinzips und der Solidargemeinschaft oder, genauer formuliert, die Mißbrauchstatbestände der Solidarität, wenn Gesetzgeber und Praxis die Solidargemeinschaften so ausdehnen und in solchen Größenordnungen entwickeln, daß das einzelne Mitglied selbst keine Solidarität mehr aufzubringen vermag. Die Aufgeblähtheit vieler Krankenversicherungsträger ist ein anschauliches Beispiel für den Mißbrauch der Solidarität und des Solidaritätsprinzips: Die großen Allgemeinen Ortskrankenkassen sind nur noch die Fiktion einer Solidargemeinschaft. Die Autoren der Aufklärung im 18. Jahrhundert haben die aus dem Solidaritätsprinzip resultierende Begrenzung der Solidarmitglieder noch genau gesehen, und sie deshalb sehr eingrenzend definiert. Die gegenwärtige Entwicklung, die zu immer größeren, angeblichen Solidargemeinschaften führt, reduziert diese auf Zwangskörperschaften, deren Mitglieder nur noch Eigennutz statt Solidarität empfinden können. Dadurch ist die Solidargemeinschaft jedoch zum Absterben verurteilt. Wenn die Solidargemeinschaft durch übermäßige Größe und

---

23 M.w.N. *Schmitt-Lehrmann* (N 20), S. 152; ausführlich dargestellt bei *Wolfgang Gitter,* Schadensausgleich im Arbeitsunfallrecht, Tübingen 1969, S. 28ff.; *Frerich/Frey* (N 14), S. 103ff.

Zahl der Mitglieder entsolidarisiert wird, ist kein solidarisches Verhalten der Mitglieder mehr zu erwarten.

Aber die Solidargemeinschaft wird auch durch den Gesetzgeber mißbraucht, wenn dieser – wie in den vergangenen Jahrzehnten – an den zeitweilig „reichen" Fleischtöpfen der sozialen Sicherungsträger nicht ohne Begehrlichkeit vorbeigehen kann. Erst recht wächst diese Begehrlichkeit, wie wir gegenwärtig sehen, zu Zeiten angespannter Staatshaushalte. So entlastet sich der Sozialfiskus zunehmend auf Kosten der parafiskalischen Kassen der Sozialversicherung, indem er Sozialpolitik zu Lasten der Solidargemeinschaft betreibt. Einerseits nehmen die Verschiebebahnhöfe im Recht der sozialen Sicherheit erschreckend zu, zum anderen kann der Gesetzgeber auch jüngst der Versuchung nicht widerstehen, kraft Gesetzes der Solidargemeinschaft Zwangspatenschaften aufzuerlegen, die sie zerstören müssen. Dabei soll und kann nicht übersehen werden, daß die Beiträge aufgrund ihres sozialen Charakters in der Sozialversicherung nicht notwendigerweise stets stringent dem individuellen Risiko entsprechen können oder müssen, denn die neben dem Versicherungsprinzip aufgenommenen Elemente der Vorsorge und Fürsorge können eine vom reinen Versicherungsprinzip abweichende sozialversicherungsrechtliche Lastenzuteilung sowohl im Leistungs- wie im Beitragsrecht im Einzelfall durchaus rechtfertigen. Aber stets ist zur Beantwortung der Frage, ob noch zulässige Eigenleistungen der Sozialversicherung oder bereits unzulässige Fremdlasten mit Kostenerstattungspflicht vorliegen, allein auf die gesetzlich verfaßte Solidargemeinschaft und auf die von ihr getragenen Risiken und Zwecke abzustellen. Denn auch bei Anerkennung der Tatsache, daß der Sozialversicherung seit ihrem Entstehen neben dem Versicherungsprinzip zu Recht Elemente der Vorsorge und Fürsorge zu eigen sind, ist und bleibt sie Sozialversicherung, wodurch sie sich von den anderen Einrichtungen des Rechts der sozialen Sicherheit abgrenzt. Diese Abgrenzung kann aber nur von der Versichertengemeinschaft her erfolgen, genauer aus der Solidaritätsidee der jeweiligen Solidargemeinschaft, die sich zur Sicherung konkreter Risiken zusammengeschlossen hat oder zusammengeschlossen wurde. Ungeachtet einer verfassungsrechtlichen Beurteilung bleibt deshalb zu betonen, daß im Rahmen der Sozialversicherung stets nur solche Beiträge gefordert werden können, die mit dem Aufbau bzw. der Finanzierung eines entsprechenden Versicherungsschutzes zugunsten der Solidargemeinschaft in inhaltlichem Zusammenhang stehen. Weiterhin folgt hieraus, daß nur solche Personen belastet und begünstigt werden können, die zum Kreis der versicherten Solidargemeinschaft ihrer Zweckbestimmung gemäß gehören. Risikogemeinschaft und Verteilungsgemeinschaft müssen identisch bleiben. Das in § 30 Abs. 2 SGB IV enthaltene Verbot, Sozialversicherungsmittel für fremde Aufgaben zu verwenden, findet seine verfassungsrechtliche Grundlage und Erfüllung in den Grundrechten der Beitragspflichtigen und im Verhältnismäßigkeitsprinzip; die Vorschrift ist Ausdruck des verfassungsrechtlichen Gebots, zwischen legitimer Beitragsbelastung von ausgewählten Gruppen und ungleicher Heranziehung eines Teils der Bevölkerung zur Finanzierung von Gemeinlasten zu unterscheiden, einer Finanzierung, die der Steuer vorbehalten ist. Sie sichert zugleich Systemgerechtigkeit. Der Gesetzgeber, der unter dem Appell zur Solidarität einer Gemeinschaft Lasten auferlegt, handelt mißbräuchlich, wenn er die Beiträge für die Allgemeinheit oder andere Gruppen und Gemeinschaften verwendet, fordert oder duldet. Inanspruchnahme von Solidarität ist nur zulässig für solidarische Zwecke.

Hiermit verbindet sich ein weiterer Aspekt der Zerstörung des Solidaritätsprinzips. Denn die Übung des Gesetzgebers, die Entrichtung von Beiträgen aus einem vorübergehend reicheren in einen vorübergehend ärmeren Sozialversicherungsbereich vorzusehen, führt nicht nur zu rechtlich unzulässigen Fremdlasten, sondern denaturiert das Sozialversicherungssystem. Der Gesetzgeber zerstört hierdurch die Beitragsäquivalenz zu

Lasten der Versicherten in der jeweilig nachteilig betroffenen Solidargemeinschaft. Verdeckt liegt dieser Handhabung – möglicherweise – die falsche Vorstellung des Gedankens einer übergreifenden Solidargemeinschaft der Solidargemeinschaften zugrunde; eine nicht nur tatsächlich abwegige, sondern rechtlich bezeichnend falsche Theorie: Die historische Entwicklung hat ihren Ausgangspunkt bei einer gesellschaftlichen Gruppe als potentieller Solidargemeinschaft genommen, aber nach hundert Jahren sind völlig eigenständige Solidargemeinschaften entstanden, die in sich gegründet eine selbstverantwortete Existenzsicherung aufgebaut haben; ein Vorgang, den das Rechtssystem durch die Eigenständigkeit des gegliederten Sozialversicherungssystems heute längst legitimiert hat. Die Verschiebung finanzieller Lasten zwischen den Solidargemeinschaften verändert deshalb nicht nur ökonomische Daten, sondern verletzt die existentielle Sicherung einer jeden – auch auf Beitragsäquivalenz gegründeten – Rechtsposition des einzelnen Versicherten.

Aber dem Solidaritätsprinzip und der Solidargemeinschaft im Sozialversicherungsrecht wie allgemein im Sozialrecht droht noch ein weiterer Mißbrauchstatbestand. Gerade Wissenschaftler aus armen Ländern weisen uns Deutsche seit langem darauf hin, daß die kollektivrechtlichen Schutzsysteme zugunsten Notleidender längst diesen Charakter bei uns verloren haben und statt dessen Stabilisierungssysteme der Wohlhabenden sind, während andere, die tatsächlich der Hilfe bedürfen, draußen bleiben.[24] Der Vorwurf des Sozialfeudalismus trifft aber heute das deutsche Arbeitsrecht ebenso wie das Sozialrecht, denn die in der Geburtsstunde beider Rechtssysteme entwickelten kollektivrechtlichen Schutzinstrumente der Solidarität einer doppelt notleidenden Bevölkerungsgruppe sind jetzt Wohlstandssysteme der Mehrheit. Natürlich schützen sie auch heute noch vor durchaus aktuell eintretender Not, aber sie haben ihre

24 Siehe auch *Isensee* (N 12), S. 375.

soziale Zielrichtung weithin verloren. Aus den Arbeitern, deren soziales Los dazu führte, daß die Arbeitsfrage als soziale Frage aufgeworfen werden mußte, ist inzwischen eine Arbeitnehmergesellschaft geworden, die gleichwohl als ganze den von den Arbeitern und für die Arbeiter im 19. Jahrhundert behaupteten und im 20. Jahrhundert durchgesetzten sozialen Kittel für sich in Anspruch nimmt. In der Tat ist damit die Arbeitnehmergesellschaft in ein riesiges Paradoxon gelaufen, weil und insoweit dadurch Soziales unsozial und Solidarisches unsolidarisch wird. Die Denaturierung der sozialen Sicherheit zur Wohlstandssicherung durch institutionelle Bedingungen wird geradezu gefördert, weil die machterhaltende demokratische Entscheidung des Grenzwählers nicht „unten" fällt, nicht durch die, die im Existenzminimum gefährdet sind und denen Gleichheit im normalen vorenthalten wird. Sie fällt in der Mitte. In einem Gemeinwesen, in dem der Titel des Sozialen unwiderstehlich geworden ist, liegt es deshalb nahe, daß sich die Politik und die Mittelschichten, von denen die Machterhaltung der Politik abhängt, darauf einigen, daß eine Politik zugunsten der Mitte auch eine soziale Politik ist, und umgekehrt: daß eine soziale Politik eine Politik zugunsten der Mitte sein muß. Damit verliert Sozialpolitik und Sozialrecht den natürlichen Kompaß und ist zu jeder Inkonsequenz des Zulegens fähig ebenso wie zu jeder Inkonsequenz des Sparens. Andererseits verdeckt das Bild der Solidargemeinschaft die Tatsache, daß durch die Entwicklung vom geschützten Kollektiv als Teil der Gesellschaft zur geschützten Gesellschaft selbst ein weithin sinnloser Kreislauf der sozialen Transferleistungen entstanden ist. Denn die Umverteilungsfunktion des Sozialrechts droht heute leerzulaufen, weil mehr als 80% aller Privathaushalte Empfänger von Transferzahlungen sind. Die Solidargemeinschaft ist so zur ganz überwiegenden Mehrheit der Gesellschaft selbst geworden, was ihre Denaturierung erzwingt.

Ein Wort zum Drei-Generationen-Vertrag. An anderer Stelle habe ich dieses Gebilde Rechtsmetaphysik genannt, wohl ein zu milder Ausdruck. Das gegenwärtige sozialrechtliche System der Bundesrepublik ist dadurch gekennzeichnet, daß es auf einer maßlosen Ausbeutung der zukünftigen Generationen im Sozialen beruht. In der Gegenwart werden Pflichten der kommenden Generationen begründet, die diese weder werden erfüllen können noch erfüllen wollen. Es ist politisch abenteuerlich zu glauben, daß künftige Generationen bereit sind, als Leistungsträger Pflichten zu übernehmen in Solidargemeinschaften für ältere Menschen, die ihrerseits nur wenig, wenn überhaupt, für sie getan haben. Das Fehlen eines echten eigenständigen Systems des Familienlastenausgleichs in der Bundesrepublik macht dies deutlich. Daß die Probleme durch Verlagerung von Lasten auf die zukünftigen Solidargemeinschaften zu lösen sind, ist eine Selbsttäuschung, aus der es nur ein herbes Erwachen geben kann, wenn die künftigen Leistungsträger sich zu Recht weigern werden, Lasten zu übernehmen, deren Ursachen und Umfang sie nicht zu vertreten haben, und Aufwendungen zu tragen, die durch keinerlei Vorteile ausgeglichen werden. Mit zutreffendem Vorwurf hat Zacher bereits vor vielen Jahren darauf hingewiesen, daß das Volk der Bundesrepublik Deutschland aus dem Krieg, der Vertreibung und der Währungsreform vergleichsweise arm hervorgegangen ist. Die einzelnen hielten sich für unfähig, sich zu sichern. Mittlerweile ist dieses Volk reich geworden, ungleich reich, aber im großen und ganzen doch erstaunlich reich. Die Möglichkeiten, die Sicherungsmechanismen und die Solidargemeinschaften im Hinblick darauf wieder zu entlasten und die Sozialpolitik auf die Herstellung der Gleichheit auszurichten statt auf die Sicherung der Ungleichheit, wurden nie diskutiert.

IV.

Unglaubliche Fruchtbarkeit des Solidaritätsgedankens und zugleich entsetzlicher Mißbrauch und Denaturierung liegen im gegenwärtigen System der sozialen Sicherung unmittelbar nebeneinander. Muß man nicht angesichts des Aufschreies weiter Teile der Bevölkerung wegen der Absenkung der Lohnfortzahlung im Krankheitsfalle auf 80% durch den Arbeitgeber, die hierin bereits die Axt am Sozialstaat erblicken, feststellen, daß das sozialrechtliche Rechtssystem längst seine Funktion eines der privaten Sicherung und privaten Entfaltungsmöglichkeit unterlegten Netzes ersatzweise und subsidiär eingreifender sozialer Sicherung verloren und sich statt dessen zu einem Überbau entwickelt hat, der der Präponderanz der Freiheit im Sinne unserer Verfassung ebensowenig mehr gerecht wird wie dem Solidaritätsprinzip. Das Sozialrecht steht heute in der Gefahr, seine eigene Wirksamkeitsgrundlage zu zerstören, weil es weder die individuelle Freiheit noch die Solidarität der Solidargemeinschaft hinreichend stärkt. Wenn rund 70 Millionen Bundesbürger glauben, sich ein soziales Netz leisten zu müssen in einer jährlichen Größenordnung, die höher liegt als das gesamte Sozialprodukt Indiens und des subindischen Kontinents von 900 Millionen Menschen, dann muß doch die Frage erlaubt sein, ob es diesen 70 Millionen Bundesrepublikanern wirklich noch um die Abwendung von Not durch Solidarität der Rechtsgenossen geht, oder ob nicht in Wahrheit hier ein Wohlfahrts- und Wohlstandssystem der Mehrheit etabliert worden ist, das dann allerdings in der Tat den Worten Goethes eine erschreckende Realität verleiht, daß nämlich dann die ganze Bundesrepublik ein großes Hospital und ein jeder Bundesbürger des anderen humaner Krankenwärter geworden ist. Daß dann, wie Jaspers bereits vor dem Ersten Weltkrieg erkannt hat, die Sphäre des Sozialen und Solidarischen erst die Übel schafft, die sie beseitigen oder lindern will, ist wohl offensichtlich. Solidarität setzt die Gefahr gemeinsamer, weil jeden treffender Not voraus. Wo es nicht mehr um

Not geht, sondern um Wohlstand, pervertiert die Solidargemeinschaft zur Anteilsinhabergemeinschaft. Dann allerdings – und ich glaube, an dieser Wegscheide stehen wir – geht es nicht mehr um Solidarität, sondern um die Durchsetzung der stärksten individuellen Interessen, mögen diese auch gruppenspezifisch eingebunden sein. Hier hat dann das Wort von der Solidarität, der Gehalt des Solidaritätsprinzips, jeden Wert und jeden Inhalt verloren. Wer aber die Solidarität vernichtet, der muß sich an den Worten Rudolf von Iherings messen lassen: „Daß die Wölfe nach Freiheit schreien, ist begreiflich. Wenn aber die Schafe in ihr Geschrei einstimmen, so beweisen sie damit nur, daß sie Schafe sind."

Nachwort

Solidarität – sozialethische Substanz eines Blankettbegriffs

Von Josef Isensee

I.

Das Wort Solidarität ist heute ubiquitär. Es findet sich in der politischen Rhetorik, in der Wissenschafts- wie in der Umgangssprache. Seinem Ursprung nach ein juristischer Begriff (Solidarschuld des Römischen Rechts)[1], gerät „Solidarität" seit der französischen Revolution zur Formel des politischen Moralismus und bildet einen begrifflichen Ableger des Ideals der Brüderlichkeit. Sie wird getränkt mit sozialistischer Ideologie und gelangt so in den Jargon der Arbeiterbewegung. Im 20. Jahrhundert entwickelt sie sich aber auch zu einer Zentralkategorie der katholischen Soziallehre und fließt ein in Texte päpstlicher Enzykliken. Nun bemächtigen sich auch die Philosophie und einzelne Sozialwissenschaften[2] des Wortes.

---

1 Zu den Tatbeständen der aktiven wie der passiven Solidarobligation, die sich bei Gläubiger- oder Schuldnermehrheit auf die Forderung und die Bewirkung der ganzen Leistung (in solidum) beziehen: *Paul Jörs/Wolfgang Kunkel/Leopold Wenger,* Römisches Privatrecht, [3]1949, S. 210f.; *Fritz Schwind,* Römisches Recht, 1950, S. 257f.; *Heinrich Honsell/Theo Mayer-Maly/Walter Selb,* Römisches Recht, [4]1987, S. 281ff.; *Max Kaser,* Römisches Privatrecht, [16]1992, S. 250ff.

2 Zur Genealogie von „Solidarität" *Andreas Wildt,* Bemerkungen zur Begriffs- und Ideengeschichte von „Solidarität" und ein Definitionsvorschlag für diesen Begriff heute, in: Rechtsphilosophische Hefte, Bd. IV Solidarität, 1995, S. 37ff.; *ders.,* Solidarität, in: Historisches Wörterbuch der Philosophie

Auf Umwegen und inhaltlich verwandelt findet sie zurück zur Jurisprudenz, von der sie einmal ausging, und wird langsam heimisch in der Verfassungsdogmatik und in der Staatstheorie. Doch damit verwandelt sie sich nicht zu einem esoterischen Begriff der Wissenschaft. Sie bleibt gängige Vokabel des gesellschaftlichen Lebens. Ihrer bedienen sich Politiker, die den Bürgern ans moralische Portepee greifen, ebenso Gewerkschaftsfunktionäre, die ihre Klientel um sich scharen wollen, und Kirchenobere, die aufgrund ihrer Vertrautheit mit der Begrifflichkeit von Solidarität und Gerechtigkeit die Sachkompetenz beanspruchen, in Denkschriften die wirtschaftliche und soziale Lage in Deutschland zu beurteilen und zu bessern[3].

Die Bedeutung von „Solidarität" changiert und paßt sich dem jeweiligen Kontext an. Das ist nicht weiter verwunderlich. Wohl aber, und das ist überaus selten unter Allerweltsvokabeln, läßt sie einen festen Bedeutungskern erkennen. Als sinnidentischer Begriff ist Solidarität definierbar: die Pflicht einer Personengesamtheit, für jeden ihrer Angehörigen, und die Pflicht eines jeden Angehörigen, für die Gesamtheit einzustehen. Der Sinn wird eingefangen in der gängigen Parole: „Einer

---

(hrsg. von Joachim Ritter und Karlfried Gründer), 9. Bd., 1995, Sp. 1004ff. (Lit.). Vgl. auch *Jürgen Schmelter,* Solidarität: Die Entwicklungsgeschichte eines sozialethischen Schlüsselbegriffs, Diss. München 1991.

Zur Relevanz für die Staatstheorie und das Staatsrecht: *Otto Depenheuer,* Solidarität im Verfassungsstaat, (ungedr.) Habilitationsschrift, Bonn 1992; *ders.,* Das soziale Staatsziel und die Angleichung der Lebensverhältnisse in Ost und West, in: Josef Isensee/Paul Kirchhof (Hrsg.), Handbuch des Staatsrechts der Bundesrepublik Deutschland (= HStR), Bd. IX, 1997, § 204 Rn. 55ff., 63ff., 68ff., passim. Ansätze anderer Art: *Erhard Denninger,* Rechtsperson und Solidarität, 1967, S. 237ff., 296ff.; *Günter Frankenberg,* Die Verfassung der Republik, 1996, S. 150ff. – Soziologische Darstellung: *Karl Otto Hondrich/Claudia Koch-Arzberger,* Solidarität in der modernen Gesellschaft, 1992.

3 „Für eine Zukunft in Solidarität und Gerechtigkeit" – Wort des Rates der Evangelischen Kirche in Deutschland und der Deutschen Bischofskonferenz zur wirtschaftlichen und sozialen Lage in Deutschland, in: Gemeinsame Texte 9, o.J. (1997).

für alle – alle für einen!"[4] Zur Begründung dient immer wieder der Vergleich, daß „alle in einem Boot" sitzen, mithin eine Interessen- und Gefahrengemeinschaft bilden.

II.

Solidarität ist ein Blankett. Sie bedeutet den Grund des Handelns, nicht jedoch den Inhalt dessen, was hier und heute zu tun ist. Wer sich mit jemandem „solidarisch" erklärt, äußert die Bereitschaft, sich für ihn einzusetzen. Worin aber der Einsatz besteht, ergibt sich aus den Bedürfnissen und Fähigkeiten der beteiligten Personen und aus den Umständen. Solidarität kann moralische wie materielle Unterstützung hervorbringen, Dienstleistungen wie Geldleistungen. Idealtypisch geht Solidarität aus auf tätige Hilfe oder jedenfalls auf Hilfsbereitschaft. Doch sie äußert sich auch in Semantik und Ritualen, in Lichterketten und sonstigen Verschwisterungszeremonien[5] oder auch nur in hierzulande lustvoll zur Schau getragener Sozialgrämlichkeit[6]. Wenn Solidarität sich in Symbolen erschöpft, handelt es sich freilich

---

4 Die Formel klingt bereits an in der „Encyclopédie" von 1773 in der Definition der Solidarschuld: „In solidum. D'une manière solidaire, tous ensemble & seul pour tous" (S. 482), zitiert nach *Wildt,* Solidarität (N 2), Sp. 1005.

5 Kennzeichnend für den gängigen Wortgebrauch ist das „Band der Solidarität", eine Demonstration im Ruhrgebiet am 14. Februar 1997: Nach einem Aufruf der Gewerkschaft Bergbau und Energie bildeten 200000 Menschen eine Kette von 93,1 km Länge vom Niederrhein bis Dortmund und spannten ein schwarz-orangefarbenes „Solidaritäts"-Plastikband, um ein Zeichen der Sympathie für den Bergbau zu setzen und der Mahnung an die Bundesregierung, für die kommenden Jahre jeweils 7 Mrd. DM für den Kohlebergbau zuzusagen und die höchstsubventionierten Arbeitsplätze der Branche zu erhalten. Am „Band der Solidarität" beteiligten sich auch Landesregierung, Landtagsopposition, Bischöfe, Schulklassen und Lizenzspieler der Fußballvereine des Reviers (Bericht: FAZ v. 15.2.1997, Nr. 39/S. 1).

6 „Wenn man sich freut, hat man schon Angst, sich gegen die Solidarität mit den vielen Leidenden zu vergehen. ... Wobei mir auffällt, daß man in den Armenvierteln zum Beispiel in Südamerika viel mehr lachende, fröhliche Menschen findet als bei uns." (*Joseph Kardinal Ratzinger,* Salz der Erde, 1996, S. 39).

bloß um symbolisches Engagement, wie es sich abreagiert in schriller oder weinerlicher Betroffenheits-Demonstration (besonders beliebt im grün-violetten Spektrum der Politik), in medieninszenierten Lazarett- und Waisenhausbesuchen, Spendenlustförderungsauftritten, wie sie die Öffentlichkeit von Filmdiven und Kronprinzessinnen erwartet, oder im aparten Zynismus von Wohltätigkeitsbällen, deren überhöhte Eintrittspreise für gesellschaftliche Exklusivität und deren „guter Zweck" für das gute Gewissen der Exklusiven sorgt. Allgemein wird Solidarität lieber eingefordert als eingebracht. Sie dient als Anspruchstitel für soziale Begehrlichkeiten sowie als Selbstermächtigung für Rabiate unter den Zu-kurz-Gekommenen, sich auf eigene Faust zu nehmen, was die Besitzenden ihnen vorenthalten. „Solidarisierungs"-Bekenntnisse entsprechen dem heutigen Bedürfnis nach wohlfeiler Sozialmoral; einer Moral, die den Bekenner nichts kostet, einer Moral zu Lasten Dritter: derer „da oben", der Unternehmer, der Staatskasse, der „Gesellschaft". Mißbrauch diskreditiert jedoch nicht das Prinzip.

Solidarität ist nicht dasselbe wie Freundschaft. Doch bewährt sie sich in ihr, wenn nämlich die Freunde miteinander „durch dick und dünn" und füreinander „durchs Feuer" gehen. Freundschaft bildet einen Grund, füreinander einzustehen. Doch bedarf es zur Solidarität nicht der Gemeinsamkeit der Empfindung, die nach heutigem Verständnis zum Wesen der Freundschaft gehört. Vielmehr genügt ihr die Gemeinsamkeit der Interessen, wie sie dem Berufsverband oder dem Versicherungsverein auf Gegenseitigkeit eigen sind. Dagegen kommt eine (absichtlich niedrig ansetzende) Deutung, die Aristoteles der Freundschaft gibt, der Sache nahe: Freunde seien diejenigen, für welche dieselben Dinge Glück oder Unglück bedeuteten und die ihrerseits mit denselben Menschen befreundet und mit denselben verfeindet seien, so daß sie für sich selbst und für die anderen jeweils dasselbe wünschten[7]. Freundschaft also

[7] *Aristoteles,* Rhetorik 2, 4. 1381 a.

in einem unemphatischen, emotionslosen Sinne: als Kameradschaft, Kollegialität, Kartell.

In ihrer praktischen Ausrichtung unterscheidet sich Solidarität von Integration[8]. Integration bezeichnet den Prozeß der Einheitsbildung über ein Wir-Gefühl. Ein solches Gefühl kann sich an Ereignissen aller Art entzünden, einem Krieg, einer Wahl, einem Fußballspiel der Nationalmannschaft, einem Medienspektakel wie dem von Unfalltod und pompes funèbres der Prinzessin Diana. Das Wir-Bewußtsein läßt sich nicht organisieren und nicht erzwingen. Es verpflichtet aber auch zu nichts. Doch Korpsgeist erleichtert Pflichterfüllung. Integration vermag Solidarität zu motivieren. Die Überschwemmungskatastrophe an der Oder im Sommer 1997 geriet zum nationalen Integrations-Erlebnis für das erst frisch staatlich wiedervereinte Deutschland. Die deutsche Bevölkerung nahm Anteil am Los ihrer Landsleute an der Ostgrenze, machte sich ihre Not zu eigen und war bereit, die Opfer der Flut zu unterstützen. Die Nation erfuhr und bewährte sich als Solidargemeinschaft, und sie übte auch nachbarliche Solidarität mit den ebenfalls von der Naturkatastrophe heimgesuchten Polen.

Allgemein gilt: Solidarität ist ihrer Idee nach angelegt auf praktische Konsequenz und tätige Zuwendung. Die Verbundenheit, die sie meint, stiftet Verbindlichkeit. Doch sie bezeichnet und sie enthält nicht selber schon bestimmte Pflichten. Vielmehr bildet sie nur deren Grundlage. Die Kategorie der Solidarität umschließt daher nicht die Pflichten, die aus ihr folgen können, wie solche zu Loyalität und Fürsorge, zu Dienst- und Geldleistungen.

Thematisch berührt sich Solidarität mit dem ähnlich abstrakten Begriff Verantwortung[9]. Hier wie dort geht es um die Ein-

---

8 Zur Kategorie der Integration *Rudolf Smend,* Verfassung und Verfassungsrecht (1928), in: ders., Staatsrechtliche Abhandlungen, ²1968, S. 119 (136ff.).

9 Der Begriff erlebt eine ähnliche Inflationierung wie jener der Solidarität. Das Kultbuch ist *Hans Jonas'* „Das Prinzip Verantwortung" (dt. ¹1979).

standspflicht für die Erfüllung einer Aufgabe. Subjekte der Solidarität sind notwendig mehrere, mindestens zwei Personen, während eine allein Verantwortung tragen kann. Doch steht der Träger der Verantwortung in zwiefachen Beziehungen: zu der Aufgabe, *für* die, und zu der Instanz, *vor* der er verantwortlich ist. Hier sind verschiedene Rollen zu besetzen, indes die Solidarität nur gleiche Rollen zuteilt an Personen, die ein gemeinsames Interesse zusammenführt. Solidarität schulden die Beteiligten einander; sie dient dem gemeinsamen Nutzen. Verantwortung dagegen ist altruistisch: treuhänderische Sorge. Der Destinatar der Sorge braucht nicht aktiv mitzuwirken, es kann ein Kind, eine Personengesamtheit, die Allgemeinheit sein, die ungeborenen Generationen. Gerade deshalb bedarf es der externen Instanz, der gegenüber der Handelnde verantwortlich ist: der Verwalter dem Eigentümer, der Vormund dem Vormundschaftsgericht, die Regierung der Volksvertretung, der Verfassunggeber aufgrund seines Bekenntnisses in der Präambel „Gott und den Menschen". Personalunion der Verantwortungsrollen ist möglich. Sie ereignet sich in der sittlichen Verantwortung für sich selbst. Doch hier ist der Idee nach zu unterscheiden zwischen dem handelnden Ich, das Rechenschaft schuldet, und dem Über-Ich, dem Gewissen, das Rechenschaft fordert. Eine individualethische Dimension dieser Art ist dem Prinzip der Solidarität fremd. Selbstverantwortung aber ist geradezu ein Gegenprinzip zu Solidarität; diese verteilt Verantwortung auf mehrere Schultern.

Solidarität bedeutet nicht, daß ein jeder jedem das Gleiche schulde. In der Solidargemeinschaft der Familie fallen die Aufgaben der Eltern und der Kinder von vornherein anders aus, und sie entwickeln sich auch unterschiedlich im Laufe der Zeit. In Betrieben und Verbänden herrscht Arbeitsteilung, der Einsatz, der von den Einzelnen erwartet wird, hängt ab von den jeweiligen Funktionen und Rollen. Arbeitsteilige Solidarität zeigt sich der kirchlichen Gemeinschaft sogar im Mönchtum. Spiritualität und Askese dienen nicht nur dem geistlichen Eigennutz des einzelnen Mönchs, der sie übt, sondern auch dem geistlichen Wohl der „Kinder dieser Welt", deren Lebensweise er gleichsam kompensiert, für deren Heil er stellvertretend betet, büßt und opfert, und von denen er seinerseits die Mittel der physischen Subsistenz erhält.

III.

Solidarität meint nicht dasselbe wie Nächstenliebe. Freilich erscheint sie häufig als deren moderne Adaption. Vielfach ergeben sich praktische Konvergenzen. Dennoch bestehen Unterschiede, und zwar Unterschiede von Grund auf. Solidarität bezeichnet die gemeinsame Wahrnehmung von Interessen, etwa Risikovorsorge oder Selbstbehauptung im politischen Kampf. Sie findet weitgehend (wenn auch nicht schlechthin) Erfüllung in Normen und Organisationen. Dagegen ist die Nächstenliebe ihrem Ursprung nach höchstpersönliche Tugend des Individuums. Diese übersteigt alle Regeln und Institutionen. Die Nächstenliebe kann sich deren bedienen, etwa in der kirchlichen Diakonie; doch sie geht nicht in ihnen auf. Was zu tun ist, versteht sich von selbst für den Einzelnen in der Begegnung mit der Not des anderen, als existentieller Anruf des Gewissens. Das Gleichnis vom barmherzigen Samariter sagt alles.

Nächstenliebe ist schlechthin altruistisch. Dagegen verkörpert sich in dem Prinzip „Einer für alle und alle für einen!" der „wohlverstandene" Eigennutz eines jeden Beteiligten. Auch wer sich mit fremder Not solidarisiert, erwartet, wenigstens insgeheim, daß er, wenn sein eigenes Glück sich wende, seinerseits entsprechende Hilfe erfahre. Solidarität ist ihrer Tendenz nach utilitaristisch. Sie verknüpft Einzelinteresse und Gesamtinteresse und kalkuliert Kosten und Nutzen, wobei das Kalkül ökonomisch, politisch oder moralisch ausfallen mag. Solidarität rechnet mit Solidarität. Nächstenliebe aber rechnet nicht. Sie fragt nicht danach, ob ihr Empfänger ihrer wert sei, ob er sie erwidere, ob er ihr einen Ausgleich biete. Das gilt jedenfalls für die archetypische, originäre Erscheinung der Nächstenliebe des biblischen Gleichnisses. Die abgeleitete, organisatorisch vermittelte Form, wie sie durch eine karitative Einrichtung geübt wird, ist allerdings dem Gesetz der Rationalität, der Effizienz und der Ökonomie des Helfens unterworfen. Schon die Urkirche setzte Prioritäten: „Tut Gutes, vor allem den Mitgliedern der Gemeinde ...“[10]. Als Idee aber übersteigt Nächstenliebe alle Gerechtigkeit. Solidarität dagegen bewegt sich in deren Horizont. Menschen verbünden sich, um ihr Recht zu wahren, oder sie streiten wider das Unrecht, das sie selbst oder andere, mit denen sie sich solidarisieren, erleiden. Wer sich solidarisiert, erbringt ein Opfer, um sein Eigeninteresse im Verbund mit anderen wirkungsvoller zu wahren, als er es für sich allein könnte. Selbst ein entfernter und virtueller Vorteil ist der Nächstenliebe fremd. Wohl ist ihr nicht inkompatibel die Eigenliebe. Das christliche Gebot lautet ja nicht, ausschließlich den Nächsten zu lieben, sondern den Nächsten zu lieben „wie sich selbst“. Doch das Gebot der Nächstenliebe ist einseitig und unbedingt. Es steht nicht unter dem Vorbehalt der Gegenseitigkeit.

Nächstenliebe läßt sich nicht rechtlich definieren. Wer der Nächste ist, ergibt sich existentiell in der Begegnung dessen, welcher der Hilfe bedarf, mit dem, welcher der Hilfe fähig ist. Was die Lage erheischt, folgt aus dem Anruf des Gewissens. Solidarität dagegen strebt typischerweise nach Regelhaftigkeit, nach Gewähr der Gegenseitigkeit, nach rechtlicher Verfassung.

Solidarität als solche ist keine Tugend. Freilich kann sie, wenn sie einer gerechten Sache dient, Tugenden entbinden: Gemeinsinn, Treue, Hingabe, vor allem Nächstenliebe. Ihrem Wesen

---

[10] Gal 6, 10. – Zur rationalen Anpassung des Gebots der Nächstenliebe an das gesellschaftliche Umfeld näher oben *Ernst Dassmann*, Nächstenliebe unter den Bedingungen der Knappheit, S. 9 (21ff.). – Zum Problem der kirchlich organisierten Nächstenliebe in der Caritas *Josef Isensee*, Die karitative Betätigung der Kirchen und der Verfassungsstaat, in: Joseph Listl/Dietrich Pirson (Hrsg.), Handbuch des Staatskirchenrechts der Bundesrepublik Deutschland, 2. Bd., ²1995, S. 665 (669ff.).

nach ist sie jedoch moralisch indifferent. Solidarität übt auch die Räuberbande, das Drogenkartell, die Mafia. Gerade letztere dürfte sich in ihrer solidarischen Konsistenz und Effizienz schwerlich übertreffen lassen. Dennoch strömt heute schon das Wort Solidarität den Geruch des guten, alten Gemeinsinns aus. Eine neue Steuer, die als Solidaritätszuschlag etikettiert wird, kann ihres Namens wegen leichter auf Zustimmung hoffen, als wenn sie ehrlich als Steuer firmierte, auch dann, wenn sie wie der derzeitige „Solidaritätszuschlag" sich in ihrem Belastungskonzept nicht von der Einkommensteuer unterschiede und ihr Aufkommen nicht einem spezifischen, moralisch besonders hochwertigen Ausgabenzweck gewidmet wäre, sondern wie das Aufkommen einer jeden regulären Steuer im allgemeinen Staatshaushalt aufginge.

Die politischen Parteien und die Kirchen predigen Solidarität als ethischen Grundwert[11]. Ob sie in der Wahl des Wortes gut beraten sind, stehe dahin. Sie bewegen sich nur deshalb auf unverfänglichem Terrain, weil sie den Begriff in erster Linie auf das staatliche Gemeinwesen und auf legitime Ziele des Gemeinwohls beziehen. Entscheidend ist, daß Solidarität kein Wert an sich ist, sondern ihren Wert aus der Aufgabe bezieht, um derentwillen sie geübt wird. Solidarität als solche ist ein formales Schema, der Handlungsauftrag, der sich aus ihr ableitet, bildet, wenn man sich auf den Jargon einlassen will, eine Sekundärtugend.

---

11 Exemplarisch zur Solidarität als „Grundwert": Programme der SPD (etwa „Ökonomisch-politischer Orientierungsrahmen für die Jahre 1975 - 1985" v. 14.11.1975) und der CDU („Mannheimer Erklärung" v. 12.11.1975); *Helmut Kohl*, Freiheit, Solidarität, Gerechtigkeit, in: Günter Gorschenek (Hrsg.), Grundwerte in Staat und Gesellschaft, 1977, S. 52ff. Repräsentativ für die kirchlichen Positionen die interkonfessionelle Denkschrift „Für eine Zukunft in Solidarität und Gerechtigkeit" (N 3).

IV.

In seinem Passepartout-Charakter und in seiner Abstraktheit öffnet sich dem Begriff der Solidarität ein weites Feld der Anwendungsmöglichkeiten. Sie finden sich in der Freundschaftsbeziehung wie in der Familie, im Interessenverband wie im geistlichen Orden, in der militärischen Truppe wie im sportlichen oder im wissenschaftlichen Team, im Nationalstaat, in föderalen Beziehungen, auf nationaler wie supranationaler Ebene, schließlich im Universum der Staatenwelt und in der Menschheit überhaupt. Die vielfältigen Möglichkeiten lassen sich typologisch erfassen: spontane und organisierte Solidarität; von Geburt mitgegebene (Familie und Staatsverband) und selbstgewählte Solidarität; auf Privatautonomie gegründete (privater Versicherungsverein) oder gesetzlich oktroyierte (Sozialversicherung). Die Versicherung bildet geradezu einen Prototyp der Solidargemeinschaft: die gemeinsame Vorsorge einer Personengruppe gegen bestimmte Gefahren, welche ihre Mitglieder treffen können (Krankheit, Unfall etc.). Die Leistung, die der Versicherte seiner Solidargemeinschaft schuldet, beschränkt sich darauf, den tariflichen Beitrag zu zahlen. Dieser errechnet sich in der Privatversicherung nach Maßgabe des mutmaßlichen Risikos, während in der Sozialversicherung die versicherungsmathematische Äquivalenz überlagert (nicht aber verdrängt) wird durch Umverteilung aus sozialen Rücksichten zugunsten der Bezieher niedrigerer Arbeitseinkommen und der durch familiäre Unterhaltspflicht stärker Belasteten (Solidarprinzip im engeren Sinne)[12].

Solidargemeinschaften richten sich je auf ihre Art auf die Idee der Gerechtigkeit aus. Diese erweist sich als reine Tausch-

---

12 Näher *Josef Isensee*, Die Rolle des Beitrags bei der rechtlichen Einordnung und Gewährleistung der sozialen Sicherung, in: Hans F. Zacher (Hrsg.), Die Rolle des Beitrags in der sozialen Sicherung, 1980, S. 461 (477ff., 482ff., 489ff.); *Paul Kirchhof*, Staatliche Einnahmen, in: HStR Bd. IV, 1990, § 88 Rn. 275f.

gerechtigkeit, wenn Leistung und Gegenleistung der Beteiligten dem Äquivalenzprinzip folgen, wie es der Fall ist in der Privatversicherung. Dagegen folgt die staatliche Solidargemeinschaft in erster Linie der Verteilungsgerechtigkeit, die, wenn die Steuer als Mittel sozialer Umverteilung eingesetzt wird, kein Do-ut-des kennt. In der Sozialversicherung, die Elemente der Eigenvorsorge und der staatlichen Fürsorge kombiniert, finden beide Aspekte der Gerechtigkeit zusammen.

Gegentypus zu einer kooperativen Solidarität, die auf die gemeinsame Bewältigung individueller Risiken zielt, ist die antagonistische Solidarität, die der Selbstbehauptung gegen einen Widersacher dient. Paradigma ist die Gewerkschaft sozialistischen Typs, die sich als Kampfverband gegen den Klassenfeind formiert[13]. Ihre Legitimation findet sie darin, daß die vielen, die als Einzelne ohnmächtig sind, sich zusammenschließen gegen die wenigen Sozialmächtigen, und daß sie eine kollektive Gegenmacht aufbauen, um ihre Belange durchzusetzen. Wer den Schulterschluß leistet, kann auf Schutz des Verbandes hoffen. Der alte Konnex von Schutz und Gehorsam lebt hier fort. Der Ernstfall dieser Art von Solidarität ist der Streik. Hier kommt es darauf an, ob die einzelnen Arbeitnehmer sich am Arbeitskampf beteiligen, dem Reglement fügen und in die Front eintreten. Wer sich verschließt, der Außenseiter, oder wer ausschert, der Streikbrecher, wird geächtet. Der historische Traum des Sozialismus ist die weltweite Solidarität der Arbeiterklasse, beschworen von den Massen der Werktätigen, die rhythmisch die Fäuste reckend wider das Kapital in aller Welt skandieren: „Hoch die internationale Solidarität!“ – Nachhall des Solidaritätsappells im Kommunistischen Manifest: „Proletarier aller Länder, vereinigt Euch!“

13 Der Antagonismus ist auch im jüngeren Konzept der Sozialpartnerschaft nicht aufgehoben. Auch hier konstituieren sich die sozialpartnerschaftlichen Verbände nach gegenläufigen Interessen. Zur Klassensolidarität: *Hondrich/Koch-Arzberger* (N 2), S. 30ff.

Es war eine Gewerkschaft, die dem abgenutzten Wort Solidarität unerwartet historischen Glanz zuführte, freilich eine, die, alles andere als sozialistisch, christlich geprägt, den Segen des Papstes genoß: die 1980 gegründete polnische Gewerkschaft Solidarność, deren Stoßkraft, durch kein staatliches Verbot zu brechen, sich gegen das totalitär-sozialistische System richtete und entscheidend dazu beitrug, daß es schließlich im Jahre 1990 zusammenbrach, in Polen wie überall.

V.

Solidarität – warum und mit wem?

Im sozialistischen Weltbild beantwortet sich die Frage von selbst. Solidarität ist Strategie der Selbstbehauptung im Klassenkampf. Solidarität schulden sich die Angehörigen der unterdrückten, der werktätigen Klasse. Werktätige, denen das richtige Klassenbewußtsein abgeht, können zur Solidarität genötigt werden mit sanftem und unsanftem Nachdruck der sozialistischen Machteliten, die nach ihrem Selbstverständnis über das richtige Klassenbewußtsein verfügen: Partei, Administration, Gewerkschaft. Solidarität gewinnt hier Sinn aus dem gesellschaftlichen Naturzustand des Kampfes. Dieser aber bildet nicht ein bellum omnium contra omnes, wie Thomas Hobbes in seiner individualistischen Sicht den status naturalis beschreibt. Vielmehr konzentriert er sich auf einen Fundamentalwiderspruch, den zwischen Kapital und Arbeit, läßt sich so auf den Konflikt der zwei Klassen reduzieren und über solidarisches Verhalten der Klassenangehörigen organisieren. Erst am Ende der Geschichte, wenn der gesellschaftliche Widerspruch aufgehoben sein wird, soll nach sozialistischer Heilserwartung die antagonistische Klassensolidarität in pazifizierte Menschheitssolidarität übergehen.

Auch in außer-sozialistischem Kontext gewinnt das diffuse Prinzip der Solidarität Sinn und praktische Relevanz, falls es auf eine Freund-Feind-Konstellation angewendet und dazu benutzt wird, eine Front aufzubauen oder zu halten. Die antagonistische Spielart der Solidarität steckt in der militärischen Moral einer Truppe oder eines Verteidigungsbündnisses, aber auch im Kampfverhalten der politischen Parteien, die um Wählerstimmen und um Machtbesitz rivalisieren. Dem gleichen Muster folgt die Moral der drei Musketiere, die einander schwören, einer für alle, alle für einen einzutreten und wie Pech und Schwefel zusammenzuhalten, um – natürlich im Dienste der guten Sache – einer Welt von Feinden zu trotzen.

Jenseits von Angriff und Verteidigung erhebt sich die Idee kosmopolitischer Solidarität. Sie baut auf der Einheit des Menschengeschlechtes, in der alle Unterschiede und Gegensätze aufgehoben sind, die sozialen und die politischen, die religiösen und die nationalen. Alle Menschen sind miteinander verbunden als Angehörige derselben Familie, Kinder eines Vaters, und haben füreinander einzustehen. Der Kosmopolitismus geht zurück auf die Lehre der Stoa, daß die Menschen, mögen sie Freie oder Sklaven, Mitbürger oder Fremde sein, einer vorgegebenen Gemeinschaft der Vernunft zugehören, in der niemand dem anderen als Fremdem begegnet: „Homo sum: nil a me alienum puto“[14]. Seneca begründet das menschheitliche Ethos, daß wir Glieder eines großen Körpers sind. „Die Natur hat uns als Blutsverwandte geboren, da sie uns aus demselben Ursprung und zu demselben Leben erzeugte. Sie hat uns Liebe zueinander eingegeben und uns so zur Gemeinschaft gebildet. Sie hat den Sinn für das Gute und Gerechte in uns gelegt; auf Grund ihrer Satzung ist es erbärmlicher, anderen zu schaden, als selbst verletzt zu werden. Auf ihr Gebot hin seien unsere Hände bereit zur Hilfe für die, welche ihrer bedürfen. Der Vers sei in unseren Herzen und auf den Lippen: ‚Ich bin ein Mensch: Nichts Menschliches ist mir fremd.‘ Halten wir

[14] Das geflügelte Wort findet sich bei *Terenz* in seiner Komödie Heautontimorumenos (Übernahme aus der gleichnamigen Komödie von *Menander*.). – Zur Kosmos-Bürgerschaft des hellenistischen Stoizismus: *Arnold Gehlen*, Moral und Hypermoral, ^{4}1981, S. 31 ff.

fest zusammen; füreinander sind wir geboren. Unsere Gemeinschaft gleicht einem aus Steinen gefügten Gewölbe, das augenblicklich einstürzen müßte, wenn sich die Steine nicht wechselseitig am Sturze hinderten, und das eben darin seinen Halt findet«[15].

Das stoische Ethos verbindet sich mit dem christlichen Ethos der Nächstenliebe und der christlichen Lehre von der Einheit, Gleichheit und Würde aller von Gott Erschaffenen und Erlösten. Im Vordergrund steht die Gemeinschaft der Getauften, die Christenheit als eine Familie. Eineinhalb Jahrhunderte, nachdem Kaiser Karl der Große die Sachsen bekehrt und in das Frankenreich eingegliedert hat, schreibt Widukind von Corvey, daß Franken und Sachsen aus Bundesgenossen zu Brüdern geworden seien, gleichsam ein Geschlecht aus dem christlichen Glauben („qui olim socii et amici erant Francorum, iam fratres et quasi una gens ex Christiana fide, veluti videmur, facta est")[16] – übrigens eines der ältesten Dokumente für das Werden des deutschen Volkes aus den verschiedenen Stämmen[17]. In säkularer Form lebt die Idee der weltbürgerlichen Solidarität auf in der Humanitätsphilosophie der Aufklärung (Kant, Herder). Sie gewinnt politischen Impetus in der französischen Revolution, gerät aber in Widerspruch zur Idee der Nation und ihrem Ethos und bricht sich letztlich an dieser[18]. Nach der Diskreditierung von Nation und Nationalstaat im 20. Jahrhundert gelangt der Kosmopolitismus zu neuer Blüte, zumal in Deutschland, als Moral einer besiegten Nation, die ihre nationale Identität als Kainsmal empfindet

---

15 *Lucius Annaeus Seneca,* Ad Lucilium epistulae morales, Liber XV, 95, 52 - 53.

16 *Widukindus monachus Corbeiensis,* Rerum gestarum Saxonicarum libri tres, I., 15.

17 Dazu *Josef Fleckenstein,* Über die Anfänge der deutschen Geschichte, Gerda Henkel Vorlesung, 1987, S. 16f.

18 Zum Verhältnis beider Kräfte im Deutschland des 18. und 19. Jahrhunderts die klassische Darstellung: *Friedrich Meinecke,* Weltbürgertum und Nationalstaat, [1]1907.

(oder dazu stilisiert) und ihr zu entrinnen versucht durch Aufgehen in supranationalen Verbänden und in einer heilen Weltgesellschaft.

Die Lehren von der weltbürgerlichen Solidarität übertragen das Modell der (intakten) Familie auf das Ganze der Menschheit: eine naturgegebene Einheit, die körperlichen wie seelischen Bedürfnissen gerecht wird, Geborgenheit und gegenseitige Hilfe bietet. Die familialen Tugenden werden zu Tugenden im Verhältnis zu jedermann erweitert[19]. Es sind das freilich weniger die Tugenden des Vaters, die in monarchischen Zeiten dem („treusorgenden") Landes-„Vater" zugeschrieben wurden, als die der Geschwister, wie sie in dem französischen Ideal der Fraternité beschworen werden.

Das weltbürgerliche Pathos des 18. Jahrhunderts hielt sich im Luftreich der Ideale. Heute aber, in der Epoche der Globalisierung, werden die Menschenrechtserklärungen und Humanitätsbekenntnisse beim Wort genommen[20]. Mit der weltweiten Freizügigkeit und der Verflechtung der Staaten mutieren die regionalen Probleme leicht zu überregionalen, die innerstaatlichen Konflikte zu auswärtigen und die außenpolitischen Themen zu solchen der Weltinnenpolitik. Naturkatastrophen, wirtschaftliche Bedrängnisse, Unterdrückung der Menschenrechte, Staatenkrieg und Bürgerkrieg erheben sich über ihre mittelbaren wirtschaftlichen und politischen Wirkungen hinaus zu unmittelbaren Herausforderungen für jene Länder, auf die sich die Flüchtlings- und Migrationsströme richten. Das Fernste rückt nah über die Medien. Die Not der Menschen in entlegenen Gegenden wird anschaulich und weckt das Mitleid des Betrachters. Freilich kann die Permanenz des ferngesehenen Unglücks auch zu Gewöhnung und zur Abstumpfung führen, vielleicht sogar zu Gleichgültigkeit gegenüber dem Unglück des Mitmenschen, das dem Bildkonsumenten existentiell begegnet, so daß,

---

19 *Gehlen* (N 14), S. 87ff., 112, 142f., 148f., 168.

20 Vgl. *Depenheuer* (N 2), S. 44f., 46ff. Vgl. auch *Erhard Denninger*, Menschenrechte und Grundgesetz, 1994, S 46f.

wenn das Fernste die Vorstellungswelt beherrscht, das Nächste aus ihr verschwindet. Schon Rousseau riet zu Mißtrauen vor Kosmopoliten, die in ihren Büchern Pflichten in der Ferne suchen, die sie in der Nähe nicht erfüllen mögen. „Mancher Philosoph liebt die Tataren, damit er seinen Nächsten nicht zu lieben braucht"[21].

Unter der Ägide der Globalisierung zeigt sich, daß die unbegrenzte Ausdehnung der Solidarität ihre unbegrenzte Ausdünnung nach sich zieht. Wenn ein Mensch für alle Menschen einstehen soll und jeder Beliebige Hilfe von jedermann einfordern kann, reduziert sich der Anteil des Einzelnen an der globalen Last auf jene infinitesimale Quote, die seinem Verhältnis zur Erdbevölkerung entspricht. Die Verpflichtung verliert sich ins Leere. Ihre Realisierung wird Spiel des Zufalls. Planetarische Solidarität als solche leistet nicht mehr als moralischen Appell und bewirkt nicht mehr als moralische Aufwallung. Leicht mißrät sie zu rhetorischer Geisterbeschwörung und politischer Bauernfängerei. „Die Menschheit entsteht durch Propaganda", heißt es bei Gottfried Benn[22], schärfer noch bei Carl Schmitt: „Wer Menschheit sagt, will betrügen"[23].

Praktische Solidarität ist notwendig selektiv. Sie vollzieht sich unter den Bedingungen der Knappheit. Knapp sind alle Ressourcen: Sachleistungen wie Geldleistungen, Arbeitskraft wie persönliche Zuwendung; knapp vor allem ist die Ressource Zeit. Knappe Güter müssen haushälterisch verwaltet und gerecht zugeteilt werden. Diese Aufgabe aber vermag keine Weltgesellschaft zu lösen. Sie löst sich nur im handlungsrelevanten sozialen Kontext. Das Abstraktum Menschheit begrün-

---

21 *Jean-Jacques Rousseau,* Emile (1762), I, 1. Zum heutigen Problem *Gehlen* (N 14), S. 56.

22 *Gottfried Benn,* Der Ptolemäer, in: ders., Gesammelte Werke, Bd. 5, 1968, S. 1377 (1379).

23 „Abwandlung eines schlimmen Wortes von Proudhon": *Carl Schmitt,* Staatsethik und pluralistischer Staat (1930), in: ders., Positionen und Begriffe, Nachdruck 1988, S. 133 (143). S. auch *ders.,* Der Begriff des Politischen (Text von 1932), 1963, S. 55.

det nur ein abstraktes moralisches Prinzip. Farbe und Inhalt gewinnt es erst in konkreten Lebensbeziehungen. Inspiration und Motivation erwachen, wenn die Menschen einander zu Gesicht bekommen oder zumindest ein bestimmtes soziales Profil erkennen lassen. Solidarität bedarf eines Fundaments spezifischer Gemeinsamkeit, die über die Zugehörigkeit zum Menschengeschlecht hinausgreift: persönliche Zuneigung, räumliche Nähe, Übereinstimmung der Interessen, Gruppenzugehörigkeit[24]. Solidarität verdichtet und verfestigt sich in personalen wie in funktionalen Beziehungen wie Familie und Betrieb, im lokalen wie im regionalen Bereich, auf nationaler wie auf transnationaler Ebene. Zu rechtlicher Stabilität gelangt sie über Institutionen, welche die Pflichten nach rechtlichen Maßstäben zuteilen und so dosieren, daß dem Bedarf aller Beteiligten wie der Belastbarkeit des Einzelnen Rechnung getragen wird.

Der wichtigste Stabilitätsfaktor ist der Staat. Doch besitzt er kein Solidaritätsmonopol. Totale Verstaatlichung zerstört Solidarität. Das wendet Aristoteles ein gegen Platons idealkommunistisches Staatsmodell einer ins Große gesteigerten Familie, die sämtliche Gemeinschaftsbeziehungen in sich vereint: Was vielen gemeinsam zugehöre, das erfahre die geringste Zuwendung. Der Einzelne denke am meisten an seine eigenen Angelegenheiten, an die gemeinsamen weniger oder doch nur, soweit sie ihn persönlich berührten. Man nehme eine Aufgabe leichter, wenn man wisse, ein anderer werde die Arbeit schon tun, wie auch im Haushalt viele Bedienstete mitunter schlechter aufwarteten als wenige. „Nun bekommt jeder Bürger tausend Söhne, nicht als wären es Söhne eines einzelnen Vaters, sondern alle

---

[24] Vgl. *Kurt Bayertz,* Die Solidarität und die Schwierigkeiten ihrer Begründung, in: Rechtsphilosophische Hefte (N 2), S. 9 (13); *Hondrich/Koch-Arzberger* (N 2), S. 12ff. Richtiger Ansatz auch *Franz-Xaver Kaufmann:* unsre leibliche Existenz bleibe stets an bestimmte Räume und soziale Kontexte gebunden, mit denen uns mehr verbinde als mit der Menschheit als ganzer. Auch in der wachsenden Weltgesellschaft müsse Solidarität geteilt werden, da wir nicht „aller Welt treu" sein könnten (Was hält die Gesellschaft zusammen?, in: FAZ v. 4.11.1997 Nr. 256 S. 11 [12]).

gleichmäßig Söhne eines jeden, wer immer es sei; und so werden sich alle gleich wenig um sie kümmern"[24a].

Solidarität verwirklicht sich in allen Facetten des dezentralen, pluralen, offenen Gemeinwesens, in personalen wie in zweckrationalen Verbindungen, in spontanen wie in organisierten Äußerungen, in privatautonomen wie in staatlich geregelten Formen. Hinter der Vielfalt der Strebungen wird mehr oder weniger deutlich das Subsidiaritätsprinzip erkennbar: der Aufbau gesellschaftlicher Aktivität von unten nach oben, der Handlungsvorrang der personnäheren vor der weiteren und größeren Einheit. Wenn sich am Ende so etwas wie eine weltweite Solidargemeinschaft abzeichnet, so wird diese vielfach gebrochen und vermittelt, als die letzte in einer langen Reihe der Prioritäten, somit mehr Wirkung als Ziel praktischer Anstrengungen des Individuums.

VI.

Solidarität ist eine Grundkategorie der katholischen Soziallehre. Deren Theoretiker verschmähen es, ihre Prinzipien aus den kontingenten gesellschaftlichen Gegebenheiten zu entwikkeln und sich in raum- und zeitgebundene Erfahrungen zu verstricken. Sie gehen aus auf die Erkenntnis des Ganzen, wie es sich der Wesensschau neuthomistischer Philosophie darstellt. In dieser Sicht verschwinden die Widersprüche und Spannungen der modernen Gesellschaft. Hier gibt es keine unversöhnlichen Klassengegensätze und nicht die mögliche Unterscheidung von Freund und Feind. Es verblassen auch die Unterschiede der Nationen. Das nationalstaatliche Prinzip widerstrebt der Kirche in ihrer Katholizität, die sich auf das Corpus Christianum und das Universum der Menschen ausrichtet und daher mit den modernen kosmopolitischen Strebun-

---

[24a] Aristoteles, Politik, II, 3, 1261b.

gen, zumal im Zeichen der Menschenrechte, tendenziell übereinstimmt[25].

Die Vielfalt und Heterogenität der Verbindungen reduziert sich auf einen umfassenden, allgemeinen Begriff: Gesellschaft (societas). Dieser steht die Person gegenüber. Person und Gesellschaft sind die Subjekte, die auf solcher Abstraktionshöhe übrigbleiben. Das Prinzip der Solidarität verknüpft die abstrakten Wesenheiten wechselseitig: daß die Person auf die Gesellschaft ausgerichtet sei, auch wenn sie nicht in ihr aufgehe, und daß die Gesellschaft hingeordnet sei auf die Personen[26]. Dieser seinsmäßige und ethische Konnex (Personalismus oder Solidarismus) soll jenseits von Individualismus und Kollektivismus liegen, weil er zugleich beim Individuum und bei der Gemeinschaft ansetze[27]. Doch eine solche Deutung von Solidarität dürfte weder den Individualisten noch den Kollektivisten zum Widerspruch reizen, weil sie sich ohne sonderliche Mühe mit der hochabstrakten Aussage arrangieren könnten, ähnlich wie mit dem „Menschenbild des Grundgesetzes“ aus dem Schatzkästlein der bundesverfassungsgerichtlichen Gemeinplätze („... nicht das eines isolierten souveränen Indivi-

---

25 Richtungweisend die Enzyklika Papst *Johannes XXIII.*, Pacem in terris v. 11. April 1963 (n. 191 ff.: zur Solidarität der Staaten). Repräsentativ auch das gemeinsame Wort beider Kirchen: Als Folgen des christlichen Doppelgebotes der Gottes- und Nächstenliebe komme es „zu einer Entfeindung aller mitmenschlichen Beziehungen und zu einer Entgrenzung mitmenschlicher Solidarität“ („Für eine Zukunft ...“, N 3, S. 43).

26 Vgl. *Walter Kerber*, Solidaritätsprinzip, in: Historisches Wörterbuch (N 2), Sp. 1015 f. (Lit.); *Joseph Höffner*, Christliche Gesellschaftslehre (Neuausgabe durch *Lothar Roos*), 1997, S. 47 f. Die Begriffsbestimmung geht zurück auf *Gustav Gundlach*, Solidarismus, in: Staatslexikon der Görres-Gesellschaft, 4. Bd., ⁵1931, Sp. 1613 f. Geschichte des Prinzips in der katholischen Soziallehre mit Nachw.: *Schmelter* (N 2), S. 83 ff.

27 So *Gundlach* (N 26), Sp. 1614. Ähnlich *Kerber* im Anschluß an den Vater des „Solidarismus“ *Heinrich Pesch* (N 26, Sp. 1016); *Höffner* (N 26), S. 47. Das Bemühen, die neuscholastische Abstraktion der Solidarität auf Distanz zu sozialistischen Ideologien zu halten, kann vom Regen in die Traufe führen, wenn *Heinrich Pesch* statt der Vergesellschaftung der Produktionsmittel die Vergesellschaftung der Menschen fordert (so *Kerber*, N 26, Sp. 1016).

duums; das Grundgesetz hat vielmehr die Spannung Individuum – Gemeinschaft im Sinne der Gemeinschaftsbezogenheit und Gemeinschaftsgebundenheit der Person entschieden, ohne dabei deren Eigenwert anzutasten"[28]). Individualisten könnten allenfalls Anstoß nehmen an einer älteren Lehre, Solidarität bedeute als Grundsatz und als sittliche Pflicht: „Unterordnung unter ein gesellschaftliches Ganzes mit Rücksicht auf den Zweck des Ganzen, auch positives Zusammenwirken für diesen Zweck, der mittelbar den Einzelnen beglückt"[29].

Einer Vereinnahmung durch Lehren von totalen und totalitären Systemen wehrt jedoch das Subsidiaritätsprinzip, das Pendant des Solidaritätsprinzips, das eine dezentrale Verfassung der Gesellschaft mit höheren und niederen, weiteren und engeren Verbänden voraussetzt und der unteren und kleineren Einheit, vornehmlich dem Individuum, den Vorrang im Handeln für das Gemeinwohl zuspricht, somit praktischer Konvergenz mit liberalem und föderalem Staatsdenken offensteht[30].

Auch der Zusammenhang mit dem Grundsatz der Subsidiarität ergibt für den der Solidarität keinen Zuwachs an inhaltlicher Dichte. Das Prinzip entwickelt keinen praktischen Biß. Das darf nicht verwundern, weil es sich auf die Gesellschaft (societas) als solche bezieht und diese abwechselnd für den Inbegriff aller sozialen Beziehungen steht und für ein einzel-

---

28 BVerfGE 4, 7 (15f.). Auf die inhaltliche Übereinstimmung mit dem Solidaritätsprinzip weist *Höffner* hin (N 26, S. 48f.). *Anton Rauscher* deckt Ähnlichkeit mit dem Kommunitarismus auf, der Anfang der neunziger Jahre in den USA entstanden ist (Gemeinsinn statt Egoismus, 1997, S. 8f. – „erstaunliche Parallelen zu den Sozialenzykliken der Päpste").

29 So *Heinrich Pesch,* Lehrbuch der Nationalökonomie, Bd. 1, ^{1}1905, S. 30f.

30 Die klassische Formulierung des Subsidiaritätsprinzips: Enzyklika *Papst Pius' IX.* „Quadragesimo anno" vom 15. Mai 1931 n. 78 - 80. Zur Entfaltung in der katholischen Soziallehre, ihrer säkularen Wurzeln und ihrer Kompatibilität mit dem Verfassungsstaat *Josef Isensee,* Subsidiaritätsprinzip und Verfassungsrecht, 1968, bes. S. 18ff., 35ff., 106ff. (Nachw.). – Zur sozialpolitischen Dimension oben *Meinhard Heinze,* Grund und Mißbrauch der Solidarität im System der sozialen Gerechtigkeit, S. 67, 69ff.

nes Sozialgebilde. Solidarität deckt die heterogenen Erscheinungen der Wirklichkeit und der Vorstellungswelt ab: Familie und Staat, freie Vereine und politische Gemeinden, Wirtschaftsunternehmen und karitative Einrichtungen, Interessenverbände und berufsständische Korporationen, Inländer und Asylanten, Staatengemeinschaft und Menschheit überhaupt. Im Abstraktum der Gesellschaft, mithin im Verständnis von Solidarität, sind die konkreten Umstände aufgehoben, an denen sich die Konflikte entzünden, und es bleiben die realen wie rechtlichen Unterschiede ausgeblendet, welche die ethischen wie die politischen Probleme der Praxis bestimmen, die Unterschiede zwischen dem Privaten und dem Öffentlichen, zwischen Gewinnorientierung und Gemeinnützigkeit, zwischen Konkurrenz und Kooperation, zwischen inner-, außen- und überstaatlichen Beziehungen. Gleichwohl sieht sich die Kirche deshalb nicht gehindert, unter Zuhilfenahme ihrer Soziallehre, sich zu praktischen Fragen aller Art zu äußern und Lösungen anzubieten zu Arbeitslosigkeit, betrieblicher Mitbestimmung, Einbeziehung geringfügig Beschäftigter in die Sozialversicherung, Asylanerkennungsverfahren, Entwicklungshilfe, Weltwirtschaftsordnung – jeweils unter Berufung auf das Prinzip der Solidarität. Die Kirche springt aus dem neuscholastischen Begriffshimmel unvermittelt auf dic Erde, aus dem Zeitentrückten ins Aktuelle, aus der philosophischen Distanz mitten hinein ins politische Engagement. Eigentlich bedürfte es, um die konkrete Stellungnahme aus dem abstrakten Prinzip zu deduzieren, einer sehr langen Gedankenkette. Doch die kirchlichen Sozialverlautbarungen begnügen sich zumeist mit deren erstem und letztem Glied. Daß die verbindenden Glieder fehlen, fällt niemandem auf, wenn, was oftmals der Fall ist, die Ad-hoc-Äußerung der Kirche den Anschluß an den Zeitgeist sucht und auch findet. Das zeitlose Prinzip Solidarität gibt der politisierenden Kirche philosophische Rückendeckung und verschafft ihren Vertretern kraft aristotelischer Wesensschau die Urteilsgewißheit in Tagesfragen.

Solidarität, für sich genommen, hat eine Tendenz zum Kollektivismus. Das Subsidiaritätsprinzip allein, ohnehin nicht leicht zu verstehen und anzuwenden, genügt nicht als Widerlager, um die erforderliche Balance zu gewährleisten[31]. In der Tat neigen kirchliche Solidaritätsappelle zu voreiligem Moralisieren, indem sie allzu rasch Freiheiten zu Pflichten umdeuten, Eigennutz dem Gemeinnutz opfern, privates Risiko durch öffentliche Subvention absorbieren, Selbstbestimmung durch Mitbestimmung ablösen, Wettbewerb durch Regulierung ersetzen. Im Ergebnis konvergiert kirchlicher Solidaritäts-Moralismus vielmals mit dem landläufigen sozialdemokratischen Moralismus, und die Kirche fungiert als bracchium clericale kirchenferner Mächte. Hier rächt sich, daß sie erst spät und zögernd mit der modernen Welt ihren Frieden gemacht, ihre Strukturen, Bewegungsgesetze erkannt und akzeptiert hat[32]. Noch

---

31 Das Subsidiaritätsprinzip versagt als Korrektiv völlig, wenn es, wie es in der Sozialdenkschrift der beiden Kirchen von 1997 geschieht, mit Subventionserwartung und Sozialhelfermentalität imprägniert, darauf beschränkt wird, die „untergeordneten" gesellschaftlichen Ebenen zu schützen und zu unterstützen, nicht jedoch, „ihnen wachsende Risiken zuzuschieben" – mit Kritik an der Dezentralisierungs- und Privatisierungstendenz der heutigen Politik, Aufgaben nach unten abzugeben, Risiken und Kosten auf Private abzuwälzen und ehrenamtliche Dienste zu reaktivieren (N 3, S. 14 Nr. 27). Ein Paradigmenwechsel gegenüber der Urfassung des Subsidiaritätsprinzips in der Enzyklika „Quadragesimo anno", in der nicht von Risikoverschonung die Rede ist, sondern vom Verbot, daß die größeren die kleineren Einheiten aufsaugen. In diesem Licht erscheinen die „neuen Formen und Chancen der Solidarität", die das gemeinsame Sozialpapier lobt, die „Netzwerke assoziativer Selbsthilfe", Bürgerbewegungen, Ehrenämter, wechselseitige Nachbarschaftshilfe, erscheint letztlich die ganze „neue Sozialkultur", die Vereinsamung und soziale Kälte überwinden soll (S. 14 Nr. 26), als Katalog neuer Subventionstitel und sozialer Ansprüche. – Ordnungspolitische Kritik am Kirchenpapier: *Alfred Schüller,* Die Kirchen und die Wertgrundlagen der sozialen Marktwirtschaft, in: Ordo Bd. 48 (1997), S. 727ff.

32 Dazu *Ernst-Wolfgang Böckenförde,* Zum Verhältnis von Kirche und moderner Welt (1977), in: ders., Religionsfreiheit, 1990, S. 73ff.: *Josef Isensee,* Keine Freiheit für den Irrtum. Die Kritik der katholischen Kirche des 19. Jahrhunderts als staatsphilosophisches Paradigma, in: Zeitschrift der Savigny-Stiftung für Rechtsgeschichte. Kanonistische Abteilung LXXIII (1987), S. 296ff.

immer empfindet sie Hemmungen, die vitalen und produktiven Kräfte der Gesellschaft anzuerkennen, Eigennutz und Unternehmergeist, Wettbewerb und Marktwirtschaft. Sie erkennt diese Faktoren nicht als knappe Ressource, von der das gesellschaftliche Leben abhängt, sondern als sittliche und soziale Gefahrenherde, und sie setzt alles daran, sie in ein vorgegebenes Konzept von Gerechtigkeit und Gemeinwohl einzubringen, sie auf diese Weise zu dämpfen, zu zügeln, unschädlich zu machen[33]. Sie empfindet die ökonomischen Triebkräfte, wie vormals die sexuellen, als feindlich und sucht sie zu überwältigen mit den Waffen der Moral.

Die Berufung auf das Prinzip der Solidarität da, wo sich „hart im Raume" die Sachen stoßen, macht nur Sinn, wenn die Lebenssachverhalte geklärt sind, auf die es angewendet werden soll, und die Sachstrukturen freigelegt werden, die aller Sozialethik vorausliegen und die ihre Anwendungsmöglichkeiten determinieren. Vor allem ist es unerläßlich, die Alternativen zur Solidarität zu erfassen, in ihnen die Grenze ihrer möglichen Reichweite.

---

33 Den Ausgleich mit der modernen Welt vollzog die Kirche sukzessiv und selektiv. Während sie Menschenrechte und Demokratie seit dem Zweiten Vaticanum sich nahezu vorbehaltlos zu eigen machte, klammert sie deren Voraussetzungen im Konzept des modernen Staates und in Idee und Realität der Nation aus. Vor allem bleibt sie reserviert gegenüber der Marktwirtschaft und der Gedankenwelt des Wirtschaftsliberalismus. In der Ära des Ost-West-Konflikts bemühte sie sich um einen dritten Weg zwischen Kapitalismus und Sozialismus. Nach dem jämmerlichen Scheitern des letzteren erweist sich der dritte Weg nicht mehr gangbar. Papst *Johannes Paul II.* nähert sich 1991 in seiner Enzyklika „Centesimus annus" dem Modell der sozialen Marktwirtschaft, doch auch hier bezieht sich die Affirmation mehr auf das soziale als auf das liberale Moment, mehr auf moralische und rechtliche Schranken als auf die produktive Kraft des Marktes.

VII.

In herkömmlicher Sicht ist der größte *verfaßte* Solidarverband der Staat[34]. In ihm organisiert sich eine Menschengruppe als Gefahren- und Schicksalsgemeinschaft, um ihr Überleben unter wechselnden Herausforderungen sicherzustellen, um Sicherheit nach innen und außen, Recht, Wohlfahrt und soziale Gerechtigkeit zu erlangen. Der Staat verfügt kraft seines Herrschaftsinstrumentariums über die Mittel, um die Solidarität der Bürger in der Erfüllung ihrer gemeinsamen Aufgaben zu organisieren, auszugestalten und, in begrenztem Umfang, auch zu gewährleisten. Gleichwohl vermag er die Solidarität nicht zu erzwingen, wenn er, bedürftig der demokratischen Legitimation und den Grundrechten verpflichtet, die Freiheit der Bürger achtet. Vielmehr ist er darauf angewiesen, daß diese bereit sind, füreinander in guten wie in schlimmen Zeiten einzustehen. Nur so vermag er, den Leistungsfähigen Opfer zugunsten der Leistungsbedürftigen aufzuerlegen, ohne daß der Geber dafür Ausgleich erhält, es sei denn die Hoffnung, daß bei entsprechendem Bedarf er seinerseits Hilfe finde. Der Staat vermag zwar, die Solidarität der Bürger anzuregen und zu fördern, nicht jedoch, sie zu ersetzen. Sie ist weniger sein Werk als seine Voraussetzung.

Der Staat erweist sich daher nicht nur als zweckrationale Funktionseinheit, die nützliche und notwendige Leistungen erbringt, sondern auch als Personenverband, der auf dauerhafte Solidarität der Bürger gegründet ist. Deren rechtliche Form ist die Staatsangehörigkeit, deren vorrechtliche das Volk, im soziologischen Sinne: die Nation. Diese ist zu verstehen als die auf staatliches Zusammenleben ausgerichtete Willenseinheit, die an kontingente reale Gemeinsamkeiten wie Herkunft, Religion, Sprache anknüpft[35]. Wie immer auch die einzelne Nation ihre Identität und die Differenz zu anderen Nationen bestimmt –

---

34 Dazu oben *Otto Depenheuer,* Nicht alle Menschen werden Brüder, S. 39 (62 f.).

sie erkennt sich als Gefahren- und Schicksalsgemeinschaft. Die historische Kontingenz erzeugt ein spezifisches Ethos, und zwar das Ethos der Solidarität[36]. Nach Max Weber bedeutet „Nation" im allgemeinen Verständnis, „daß gewissen Menschengruppen ein spezifisches Solidaritätsempfinden anderen gegenüber zuzumuten sei"[37].

Mit der Idee nationaler Solidarität wird ein familiales Moment in den Staat eingebracht. Dieser erhält Züge einer Über-Familie, die ihren Angehörigen Geborgenheit, materielle und ideelle Subsistenz bietet. Die Rolle des Vaters wird übertragen auf den „Vater Staat". In diesem Zusammenhang stellt sich das Gemeinwesen dar als „Vaterland", dem die Bürger („ergeben mit Herz und mit Hand") Liebe, Treue, Opferbereitschaft entgegenbringen: Patriotismus. Das Staatsoberhaupt verwandelt sich in den „Landesvater", je nach gesellschaftlichen Bedürfnissen streng oder gutmütig, autoritär oder antiautoritär, gehorsamheischend oder anspruchslos-repräsentativ. Entsprechende Mutter-Projektionen finden sich seltener (immerhin haben Schiffe ein „Mutterland"). Um so häufiger ist die staatsethische Überhöhung der Staatsbürger zu „Brüdern", die einander Eintracht und Hilfe schulden, wie sie klassischen Ausdruck findet im Rütli-Schwur des „Tell": „Wir wollen sein ein einzig Volk von Brüdern, in keiner Not uns trennen und Gefahr"[38]. Die Bruder-Metapher findet sich lange vor der französischen

---

35 Zu Begriff und Wesen der (Staats-)Nation: *Meinecke* (N 18), S. 9ff.; *Max Weber,* Wirtschaft und Gesellschaft ([1]1922), Werkausgabe 2. Hbbd., S. 674ff.; *Hermann Heller,* Die politischen Ideenkreise der Gegenwart, 1926, S. 90ff. Heutige Sicht: *Josef Isensee,* Nationalstaat und Verfassungsstaat – wechselseitige Bedingtheit, in: Festschrift für Gerd Roellecke, 1997, S. 137 (145ff. – Nachw.).

36 Dazu *Donata Kluxen-Pyta,* Nation und Ethos, 1991, S. 71ff.; *Josef Isensee,* Grundrechtsvoraussetzungen und Verfassungserwartungen an die Grundrechtsausübung, in: HStR Bd. V, 1992, § 115 Rn. 105ff.; *Depenheuer* (N 2), HStR Bd. IX, § 204 Rn. 55ff.

37 *Weber* (N 35), S. 675.

38 *Friedrich Schiller,* Wilhelm Tell, 1804, III 1. – Zur Solidarität „durch Bund" *Depenheuer* (N 34), S. 58ff.; *ders.* (N 2), § 204 Rn. 58f.

Revolution im Wortschatz der Antike, des Christentums („Brüder in Christo"), des Mittelalters (Franken und Sachsen als „fratres et quasi una gens ex christiana fide")[39]. Die „Brüderlichkeit" wird in der Ära des Feminismus aus political correctness durch „Schwesterlichkeit" ergänzt[40] oder geschlechtsneutral durch Geschwisterlichkeit ersetzt. Tendenziell kommen in den Vater-Analogien eher die herrschaftlichen Züge des Staates zum Ausdruck, in den Brüder-Analogien die bündisch-genossenschaftlichen Züge. Eben darum paßt die Brüder-/Schwesterlichkeit in das politische Weltbild einer vaterlosen und kinderlosen Gesellschaft, die ihren Autoritätsbedarf verdrängt. Sie braut sich ihr moralisches Idyll des natürlich-friedlichen Miteinanders, das nicht getrübt ist von Kain-und-Abel-Assoziationen, auch nicht von der elterlichen Erfahrung der natürlichen Konflikte zwischen Geschwistern, die des pädagogischen Ausgleichs bedürfen (wenn auch nicht gerade der autoritären Intervention eines Familienleviathans).

Als die Deutschen zum Selbstbewußtsein als Sprach- und Kulturnation finden und erste, schüchterne Regungen zur Staatsnation spüren, ist es Herder, der den nationalen Gedanken des „Vaterlandes" mit dem familialen Ethos einer universalen Humanität verbindet: Von Vätern stamme das Vaterland her; „es weckt das Andenken an alle Verdienten vor uns, an alle Würdigen nach uns, denen *wir* Väter werden; es knüpft das Menschengeschlecht in eine Kette fortgehender Glieder, die gegen einander Brüder, Schwestern, Verlobte, Freunde, Kinder, Eltern sind"[41]. Nicht die Geschichte des Volkes ist Gegenstand seiner Achtung und Liebe, sondern – hier nimmt Herder den edleren Teil des heutigen Verfassungspatriotismus vorweg – die

---

39 Siehe die Belege zu *Seneca* (N 15) und *Widukind von Corvey* (N 16).

40 Exemplarisch *Peter Häberle,* Die Menschenwürde als Grundlage der staatlichen Gemeinschaft, in: HStR Bd. I, ^{2}1995, § 20 Rn. 70.

41 *Johann Gottfried Herder,* Briefe zu Beförderung der Humanität, Haben wir noch das Vaterland der Alten? (1793 - 1797), in: ders., Sämtliche Werke, 14. Teil, 1829, S. 300 (311).

gute Verfassung, „in welcher wir mit dem, was uns das Liebste ist, gern und am liebsten leben mögen. Moralisch schätzen wir uns in einem Staat glücklich, in dem wir bei einer gesetzmäßigen Freiheit und Sicherheit vor uns selbst nicht erröten, unsere Mühe nicht verschwenden und die unsrigen nicht verlassen sehen, sondern als würdige, tätige Söhne des Vaterlandes jede unserer Pflichten ausüben und solche vom Blick der Mutter belohnt sehen dürfen“[42]. Jeder Einzelne, eingebunden in das generationenübergreifende Gemeinwesen, hat sich der Sache der Allgemeinheit anzunehmen. „Nicht zu grübeln hast du über dein Vaterland: denn du warst nicht sein Schöpfer; aber mithelfen muß du ihm, wo und wie du kannst, ermuntern, retten, bessern, und wenn du die Gans des Kapitolium wärest“[43]. Herders Vision: „Licht, Aufklärung, Gemeinsinn, edler Stolz, sich nicht von anderen einrichten zu lassen, sondern sich selbst einzurichten, wie andere Nationen es von jeher taten; Deutsche zu sein auf eigenem *wohlbeschützten* Grund und Boden.“ Der wilde Eroberungsgeist, der vergangene Zeiten wie ein böser Dämon durchstürmt habe, werde nun abgelöst durch den geistigen Wettstreit aller Völker Europas (andere Weltteile nicht ausgeschlossen), in unaufhaltsamem Fortschritt zur Humanität. Kriege gehörten nun einem vergangenen Zeitalter der Kabinettspolitik an, in dem „politische Maschinen“ gegeneinander rückten. „Nicht so rücken Vaterländer gegeneinander; sie liegen ruhig nebeneinander und stehen sich als Familien bei. *Vaterländer gegen Vaterländer* im Blutkampf ist der ärgste Barbarismus der menschlichen Sprache“[44].

Die europäischen Vaterländer, allen voran das deutsche, stürzen im 20. Jahrhundert in Barbarismus, ärger, als alle Phantasie des Humanitätszeitalters sich auszumalen vermochte. Seither haben die Begriffe Vaterland, Nation, Nationalstaat, Staat überhaupt ihren moralischen Glanz verloren; in Deutschland zumal

42 *Herder* (N 41), S. 306.

43 *Herder* (N 41), S. 307.

44 *Herder* (N 41), S. 309f., 312.

sind sie mehr oder weniger diskreditiert. Die Analogie des Staatsvolkes zur Familie wird nicht mehr nachvollzogen, zumal die Familie schon wegen ihrer In-sich-Geschlossenheit keine Vergleichsgröße mehr abgibt. Der Begriff des Volkes wird zunehmend verdrängt durch den der Gesellschaft, in der Deutsche wie „ausländische Mitbürger" leben. Der Staat, soweit der Zeitgeist ihn noch wahrnimmt, hat offen zu sein: europaoffen, weltoffen, zuwanderungsoffen, finanzoffen. Dagegen wendet sich das emotionale Ethos familialer Solidarität nunmehr unmittelbar und ungeteilt der Menschheit insgesamt zu. Die Nation erscheint nicht wie bei Herder als Subjekt der Weltgesellschaft; sie geht in dieser ohne Rückstand auf. Der heute wortmächtige Kosmopolitismus delegitimiert den überkommenen Nationalstaat und behandelt ihn als auslaufendes Modell. Sein Selbsterhaltungsinteresse wird geringgeschätzt, die Staatsraison geradezu geächtet.

Die Delegitimation wird begleitet von Einbußen an Souveränität und Autarkie im Zuge der internationalen Verflechtung. Der Nationalstaat vermag wesentliche seiner hergebrachten Aufgaben nicht mehr hinreichend zu erfüllen und gibt sie an supranationale Verbände ab. Dennoch haben diese bislang den Nationalstaat nicht absorbiert und nicht abgelöst. So effizient und wirkmächtig die europäischen Einrichtungen in ihren jeweiligen Funktionen auch sind, sie haben keine europäische Nation heraufgeführt. Ungeachtet seiner Kompetenzverluste ist der Nationalstaat die für das politische Leben und für die bürgerschaftliche Solidarität maßgebende Einheit geblieben[45].

---

[45] Zu den Themen „Solidarität" in der Weltgesellschaft und in der deutschen Wiedervereinigung: *Hondrich/Koch-Arzberger* (N 2), S. 80ff., 105ff. – Vgl. auch *Denninger* (N 20), S. 46f. Zum Nationalstaat im Prozeß der europäischen Integration: *Josef Isensee*, Europäische Union – Mitgliedstaaten. Im Spannungsfeld von Integration und nationaler Selbstbehauptung, Effizienz und Idee, in: Konferenz der Deutschen Akademien der Wissenschaften. Akademie der Wissenschaften und der Literatur Mainz (Hrsg.), Europa – Idee, Geschichte, Realität, 1996, S. 71ff. (Nachw.).

Mehr denn je aktiviert heute der Sozialstaat die Solidarität der Gesellschaft durch Umverteilung von den Leistungsfähigen zu den Leistungsbedürftigen, um gleiche Mindeststandards für alle zu gewährleisten. Zwar knüpfen Leistungen, Lasten und Transferprozeduren in der Regel nicht an die Staatsangehörigkeit oder andere nationale Kriterien an. Gleichwohl bildet die Idee der sozialen Gerechtigkeit einen Bestandteil der nationalen Identität der Deutschen. Auch die integrationseifrigsten Politiker sind nicht bereit, singuläre sozialstaatliche Errungenschaften auf ein europäisches Normalniveau zu senken und der europäischen Integration zu opfern. Der Nationalstaat als das Gehäuse des Sozialstaates ist stabil und integrationsresistent geblieben[46]. Vollends hat sich der deutsche Sozialstaat nach der Wiedererlangung der staatlichen Einheit in seiner nationalen Aufgabe zu bewähren, der Angleichung der Lebensverhältnisse in Ost und West[47]. Die Opfer, die beide Seiten erbringen, hier Geldaufwand, dort Umstellung auf ein anderes Gesellschaftssystem, gründen letztlich in der Solidargemeinschaft des deutschen Volkes. Die Forderungen, die sich aus nationaler Solidarität ergeben, beanspruchen die Priorität vor supranationalen Pflichten und vor weltweiten Aufgaben zu Entwicklungshilfe.

VIII.

Solidarität ist nur dem Wort nach eine Hervorbringung der Neuzeit. Der Sache nach hat es sie zu allen Zeiten der Geschichte gegeben. Sie bildet geradezu das Kontinuum im Wechsel der sozialen Erscheinungen. Das Moderne der modernen Welt besteht nicht in Solidarität, sondern in Emanzipation und Individualismus: Aufkündigung hergebrachter Solidarbeziehungen, Nein zum Umhegtsein, Wille zur Mündigkeit, Sichlösen

---

46 Dazu mit Nachw. *Josef Isensee*, Soziale Sicherheit im europäischen Markt, in: Vierteljahresschrift für Sozialrecht 1996, S. 169ff.

47 Dazu eingehend *Depenheuer* (N 2), § 204.

aus Familie und familienanalogen Verbänden, Abkehr von Institutionen und ihren vorgeprägten Lebensformen. Am Anfang staatlicher Verfaßtheit steht nicht mehr eine vorgegebene Ordnung der Pflichten, sondern ein Katalog subjektiver Grundrechte des Einzelnen. Der Mensch geht nicht mehr auf im Bürger, sein Dasein ist nicht ganzheitlich eingebettet in das staatliche Gemeinwesen. Dieses bietet ihm nicht die volle Erfüllung seiner Möglichkeiten, wie es der aristotelischen Vorstellung vom Menschen als politischem Wesen entspräche, einer Idee, die heute Abwehrreflexe auslösen kann: „das Zoon politikon, dieser griechische Mißgriff, diese Balkanidee" (Gottfried Benn)[48]. Der Staat erscheint nicht mehr als umgreifende Ordnung (societas perfecta), sondern nur noch als sektorale, deren Zwecke und Mittel planmäßig begrenzt sind, eine Herrschafts- und Leistungsorganisation. Die Legitimation des modernen Staates vollzieht sich wesentlich durch seine Limitation[49]. Der Staatsbürger bildet nur noch eine der vielen sozialen Rollen, die dem Individuum zufallen oder die es sich wählt. Das Individuum wird nicht vom Staat umfangen, sondern steht dem Staat gegenüber, als Anspruchsträger, der, Eingriffe abwehrend und Leistungen einfordernd, auf Entfaltung seiner Persönlichkeit nach eigener Fasson und auf Selbstverwirklichung ausgeht.

Der neuzeitliche Staat beseitigt den Feudalismus mit seiner ständisch gegliederten Solidarität und setzt an deren Statt ein individualistisches System der Rechtsbeziehungen, das auf Privatautonomie und Rechtsgleichheit aller Rechtsgenossen gründet. Er steckt die Rechtssphären der Einzelnen ab und zieht zwischen ihnen Grenzen. Darin liegt nach Kant die wesentliche, legitime Staatsaufgabe: dem Recht des Menschen Genüge zu tun durch öffentliche Zwangsgesetze, „durch welche jedem das Seine bestimmt und gegen jedes anderen Eingriff gesichert

---

48 *Gottfried Benn,* Berliner Brief, Juli 1948, in: ders., Werke (N 22), Bd. 7, S. 1736 (1738).

49 Vgl. *Ottfried Höffe,* Gerechtigkeit als Tausch? Zum politischen Projekt der Moderne, 1991, S. 30ff.

werden kann"[50]. Paradigmatisch ist die bürgerlichrechtliche Bestimmung, daß der Eigentümer, soweit nicht das Gesetz oder Rechte Dritter entgegenstehen, mit seiner Sache nach Belieben verfahren und andere von jeder Einwirkung ausschließen darf (§ 903 S. 1 BGB). Am Anfang des Privatrechts steht die Abgrenzung, nicht etwa das Eingebundensein in vorgegebene Gemeinschaften. Darin liegt eine Bedingung für die Aktivität, die Mobilität, die Offenheit der modernen Gesellschaft.

Max Weber veranschaulicht die okzidentale Rationalität an einem Kontrastbeispiel des chinesischen Rechts, daß ein Mann, der einem anderen ein Haus verkauft hat, nach einiger Zeit zu ihm kommt und um Aufnahme bittet, weil er inzwischen verarmt sei: „Läßt der Käufer das altchinesische Gebot der Bruderliebe außer acht, so geraten die Geister in Unruhe; deshalb geschieht es, daß der verarmte Verkäufer als Zwangsmieter wieder in das Haus einzieht. Mit einem so gearteten Recht kann der Kapitalismus nicht wirtschaften; was er braucht, ist ein Recht, das sich ähnlich berechnen läßt wie eine Maschine"[51]. Rationalisierung durch Desolidarisierung. Der schuldrechtliche Vertrag erledigt sich mit der Erfüllung. Er zieht keine übervertragliche personale Verantwortung der Partner füreinander nach sich, vollends keine Verantwortung auf Dauer.

Der Individualismus setzt an bei dem auf sich selbst gestellten Individuum, das den Anspruch auf Selbstbestimmung und Selbstverwirklichung erhebt. Er zerreißt die hergebrachten unbegrenzten Solidarpflichten, um sich nicht in ihren Netzen zu verfangen. Verträglich sind ihm nur eng zugeschnittene Solidarbeziehungen, die dem wohlverstandenen Eigeninteresse förderlich sind. Solidarität gilt ihm nicht als schicksalhafte Vorgabe, sondern als Sache des privaten oder des politischen Kalküls.

---

50 *Immanuel Kant,* Über den Gemeinspruch: Das mag in der Theorie richtig sein, taugt aber nicht für die Praxis (1793), in: ders., Werke (hrsg. von Wilhelm Weischedel), Bd. VII 1964, S. 125 (144 – ohne die Hervorhebung im Original).

51 *Weber* (N 35), 2. Hbbd., S. 1037.

IX.

In Schillers „Wilhelm Tell“ bemüht sich Stauffacher, den Tell für den gemeinsamen Widerstand gegen die Tyrannei des Landvogts zu gewinnen, und stößt auf Ablehnung[52]:

Stauffacher:	Wir könnten viel, wenn wir zusammen stünden.
Tell:	Beim Schiffbruch hilft der Einzelne sich leichter.
Stauffacher:	So kalt verlaßt Ihr die gemeine Sache?
Tell:	Ein jeder zählt nur sicher auf sich selbst.
Stauffacher:	Verbunden werden auch die Schwachen mächtig.
Tell:	Der Starke ist am mächtigsten allein.

In geflügeltem Wortwechsel geht es um zwei Wege, wie der Einzelne sich in der Gefahr behaupten kann: auf sich gestellt und auf sich selbst vertrauend oder solidarisch: im Bündnis mit den anderen, die auch gefährdet sind. Solidarität verheißt Gewinn an Sicherheit und Durchsetzungsfähigkeit. Sie fordert Einfügung in die Gemeinschaft, Opfer an Unabhängigkeit und Beweglichkeit. Sie kompensiert Schwäche. Der Starke dagegen kann nur verlieren, wenn er sein Los mit dem der anderen verkettet und unbeweglich wird. Wenn Tell auf seiner Selbständigkeit beharrt, so verschließt er sich nicht der „gemeinen Sache“, für die Stauffacher wirbt, die Abwehr der Unterdrückung. Im Gegenteil: Tell ist es, der unter Einsatz seines Lebens den verfolgten Baumgarten rettet, und er wird es im Ernstfall sein, der den Tyrannen tötet. Die entscheidende Tat, die der „gemeinen Sache“ zum Siege verhilft, geht nicht aus von den Verschwörern, die sich auf der Rütliwiese Solidarität gelobt haben, sondern von dem Mann, der sich fernhält dem politischen Geschehen und sich nicht einbinden läßt.

Solidarität ist nicht der einzige Weg zur Verwirklichung des Gemeinwohls. Das unpolitische und unabhängige Individuum kann dem Gemeinwesen eigene, vielleicht sogar höhere Leistungen erbringen als das assoziierte, organisierte, geschäftige, politisierende.

---

52 *Schiller,* Tell (N 38), I, 3.

Im gesellschaftlichen Leben wirken gegenläufige Strebungen: nach Solidarität wie nach Emanzipation, nach Kontakt wie nach Distanz, nach Anschluß wie nach Privatheit. Schopenhauer stellt das Kräftespiel dar in der Fabel von den Stachelschweinen: „Eine Gesellschaft Stachelschweine drängte sich, an einem kalten Wintertage, recht nahe zusammen, um, durch die gegenseitige Wärme, sich vor dem Erfrieren zu schützen. Jedoch bald empfanden sie die gegenseitigen Stacheln; welches sie dann wieder von einander entfernte. Wann nun das Bedürfnis der Erwärmung sie wieder näher zusammen brachte, wiederholte sich jenes zweite Übel; so daß sie zwischen beiden Leiden hin und her geworfen wurden, bis sie eine mäßige Entfernung von einander herausgefunden hatten, in der sie es am besten aushalten konnten“[53]. Die Fabel spiegelt die sozialpolitische Polarität: hier Herdenmoral, sozialdemokratisches Betreuungsbedürfnis, Drang zum warmmiefigen Volksheim – dort Unabhängigkeitsdrang, bürgerliche Distanz, eifersüchtige Privatheit. Die Kehrseiten: hier soziale Aufdringlichkeit, Uniformierung, Genossenfilz – dort Menschenverachtung, Rücksichtslosigkeit, Verhärtung, „soziale Kälte“. Doch im Kontext der Fabel sind Nähe oder Distanz nicht Beziehungen des Außenstehenden zur Herde, sondern Beziehungen der Herdenmitglieder zueinander, Positionen innerhalb der Herde.

Jenseits der Gesellschaft und ihrer Solidaritätszumutungen steht dagegen das selbstgenügsame Individuum à la Rousseau, das alle Bande zur Zivilisation kappt, sich in die Natur zurückzieht und, ledig aller sozialen Bedürfnisse, sich selber lebt. Im Kontext Schopenhauers: Wer viel eigene, innere Wärme hat, bedarf nicht der sozialen Wärme und „bleibt lieber aus der Gesellschaft weg, um keine Beschwerde zu geben, noch zu empfangen“.

---

[53] *Arthur Schopenhauer,* Parerga und Paralipomena (1851), in: ders., Sämtliche Werke (Großherzog Wilhelm Ernst Ausgabe) 5. Bd., o.J., S. 708f.

X.

Dem Prinzip der Solidarität konträr ist das des Wettbewerbs. Jenes verlangt gemeinsame, dieses gesonderte, eigene Anstrengung. Wettbewerber streben je für sich, das Ziel zu erreichen, ein jeder möglichst als erster. Konkurrenz entfacht den privaten Ehrgeiz, indes Solidarität ihn einbindet und der gemeinsamen Sache unterordnet (und so riskiert, ihn zu unterdrücken oder zu erstikken). Solidarität bedeutet, daß das langsamste Schiff das Tempo der Flotte bestimmt. Konkurrenz treibt alle Schiffe zu größtmöglicher Geschwindigkeit und fragt nicht danach, ob das einzelne mithalten kann oder zurückbleibt. Wettbewerbliches Handeln hat nicht (wie es im Licht kirchlicher Verlautbarungen zuweilen erscheint) mindere moralische Qualität, weil es den Eigennutz aktiviert. Denn auch das solidarische Handeln überwindet nicht notwendig den Standpunkt des Eigennutzes; so sieht der Interessenverband seine Aufgabe darin, Egoismen zu bündeln, um ihnen mehr Durchsetzungskraft zu vermitteln. Im übrigen ist Eigennutz nicht a priori illegitim. Im Gegenteil: das christliche Gebot, den Nächsten zu lieben wie sich selbst, setzt die Legitimität der Selbstliebe voraus und deren Gleichwertigkeit mit der Nächstenliebe. Solidarisches Handeln kann sogar verwerflich sein, wenn es nämlich gebotenen Wettbewerb heimlich unterläuft und auf unlautere Vorteile ausgeht: die unerlaubte Zusammenarbeit von Prüflingen bei der Klausur, die Absprache unter den Bietern bei einer Versteigerung, das verbotene Preiskartell.

Solidarischer Einsatz erbringt allen Beteiligten nach einheitlichen Maßstäben die gleichen, „gerechten" Vorteile. Dagegen bemißt sich der Ertrag des Wettbewerbs nach dem realen Erfolg. Wer ihn erringt, sucht sich zu legitimieren aus dem Leistungsprinzip[54]. Doch Leistung allein reicht nicht, um im

---

54 Rechtfertigung des Systems der Vertragsfreiheit und der Marktwirtschaft mit ihren Zufallskomponenten vor der Leistungsgerechtigkeit: *Claus-Wilhelm Canaris,* Die Bedeutung der iustitia distributiva im deutschen Vertragsrecht, 1997, S. 67ff. (Nachw.).

Wettbewerb zu siegen; es bedarf auch der Fortune. „Wie sich Verdienst und Glück verketten, das geht den Toren niemals ein.“ Dem Zufallserfolg entspricht das Risiko des Zufallsverlustes, das der Wettbewerb kompensatorisch mit sich bringt, indes Solidarität dazu dient, Risiken zu vermeiden oder zumindest auf viele Personen zu verteilen.

Solidarität braucht rechtliche Regeln. Wettbewerb vollzieht sich anarchisch, wenn auch gehegt durch rechtliche Rahmenbedingungen, die Chancengleichheit und Fairneß sicherstellen. Sie dient den vereinten und vereinheitlichten Interessen aller Angehörigen einer Personengruppe, indes der Wettbewerb den besonderen Interessen der einzelnen Teilnehmer folgt, aus deren Zusammenwirken freilich nach liberaler Hoffnung am Ende das objektiv Beste für die Allgemeinheit hervorgeht.

Der Sozialistische Staat macht das politische Experiment, den Wettbewerb als Konstitutionsprinzip der Gesellschaft zu überwinden und das Gemeinwesen allein aus dem Prinzip der Solidarität zu erbauen. Eigensucht und Ehrgeiz, die Triebfedern des Konkurrenzhandelns, werden verbannt, die bürgerliche Lebensform des Privaten, die ihre Mitte in sich selber sucht, als kümmerliche Bourgeoisie moralisch desavouiert und ausgespielt gegen das Ideal des citoyen, der aufgeht im Dienst für das Ganze[55]. Der Bürger verwandelt sich in einen gesellschaftlichen Beamten, der seinem Kollektiv volle Hingabe schuldet und deshalb von ihm alimentiert und der Risiken des Marktes enthoben wird. Er opfert willig seine privaten Interessen und ergibt sich dem allgemeinen Interesse des Betriebs, der Partei, der sozialistischen Gesellschaft, der Arbeiterklasse, und reiht sich tapfer ein in die nationale und die internationale Front des Fortschritts wider Reaktion und Kapitalismus. Zugleich bietet er dem, der sich ihm mit Leib und Seele anheimgibt, Gebor-

---

55 Locus classicus ist die Kritik der Menschenrechte durch *Karl Marx,* Zur Judenfrage (1843), in: ders., Die Frühschriften, 1953, S. 171 (192ff.). Der Grundgedanke findet sich bereits bei *Montesquieu* und bei *Rousseau.*

genheit und soziale Wärme, in einer „Solidargesellschaft mit einem spezifischen ‚Wir-Gefühl'"[56].

Der Sozialismus durchtrennt die Kette von Verdienst und Glück, die der Wettbewerbsordnung eigen ist, und teilt die Güter zu nach zentralem Gerechtigkeitsplan. Doch gerechte wie ungerechte Verteilung setzen Güter voraus, die verteilt werden können; diese müssen zunächst einmal produziert werden. Eben mit der Produktivität hapert es im System der reinen Solidarität und der allgemeinen sozialen Absicherung, weil Eigenverantwortung und Lust zur Anstrengung verkümmern. Moralische Appelle vermögen nicht, den vitalen Ansporn des Eigennutzes zu kompensieren. So versucht der Sozialistische Staat, den Leistungsanreiz, der in der Wettbewerbsgesellschaft natürlich vorhanden ist, künstlich herzustellen durch ein System von öffentlichen Belobigungen, von Arbeiterorden- und -ehrenzeichen. Doch ihm bleibt nichts anderes übrig, als den Leistungsdruck durch obrigkeitliche Maßnahmen zu substituieren: Reglementierung und Überwachung. Da die Menschen, wie sie sind, den moralischen Anforderungen der sozialistischen Solidarität nicht genügen, sollen sie umerzogen werden in der Fabrik des neuen Menschen. Die Fabrik fällt in Konkurs. Der sozialistische Großversuch am neuen Menschen wird abgebrochen, das Experiment der reinen Solidarität ist gescheitert.

Der citoyen, das Muster reiner Solidarität, wie es dem Sozialismus vorschwebt, ebenso dem kosmopolitischen Anarchismus und – latent – auch manchen Richtungen christlicher Sozialethik, bringt einseitig die friedlich-geselligen Seiten der menschlichen Natur zur Geltung, eine verkürzte Sicht, zu der Kant lakonisch feststellt, daß bei vollkommener Eintracht,

---

56 So die apologische Charakteristik der DDR durch den Bundestagsabgeordneten *Dietmar Keller* (PDS/LL) in seinem Sondervotum zum Bericht der Enquete-Kommission „Aufarbeitung von Geschichte und Folgen der SED-Diktatur in Deutschland", in: Materialien der Enquete-Kommission (12. Wahlperiode des Deutschen Bundestages), Bd. I, 1995, S. 680 (682).

Genügsamkeit und Wechselliebe alle Talente auf ewig in ihren Keimen verborgen blieben: die Menschen, gutartig wie die Schafe, würden ihrem Dasein kaum einen größeren Wert verschaffen, als dieses ihr Hausvieh habe. Die ungesellige Eigenschaft des Menschen dagegen, der alles bloß nach seinem Sinne richten wolle und daher allerwärts auf Widerstand treffe, bringe ihn dahin, getrieben durch Ehrsucht, Herrschsucht oder Habsucht, sich einen Rang unter seinen Mitgenossen zu verschaffen, die er nicht wohl *leiden,* von denen er aber auch nicht *lassen* könne. „Dank sei also der Natur für die Unvertragsamkeit, für die mißgünstig wetteifernde Eitelkeit, für die nicht zu befriedigende Begierde zum Haben oder auch zum Herrschen! Ohne sie würden alle vortrefflichen Naturanlagen in der Menschheit ewig unentwickelt schlummern. Der Mensch will Eintracht; aber die Natur weiß besser, was für die Gattung gut ist: sie will Zwietracht“[57].

Die für die Staatsverfassung entscheidende Frage lautet, in welchem Maße sie der menschlichen Ungeselligkeit, die sich in Konkurrenz und Konflikt regt, Raum läßt, und an welchem Punkte sie ihr rechtliche Zügel anlegt und geselliges Verhalten einfordert.

XI.

Der Verfassungsstaat hält sich den ungeselligen Eigenschaften des Menschen offen und macht sie sich nutzbar. Die freiheitliche Demokratie lebt aus dem Wettbewerb der Machteliten, die um die Gunst der Wähler kämpfen und nach Maßgabe ihres Erfolges zeitbegrenzte Macht im Staat erlangen[58].

---

57 *Immanuel Kant,* Idee zu einer allgemeinen Geschichte in weltbürgerlicher Absicht (1784), in: ders., Werke (hrsg. von Wilhelm Weischedel), Bd. VI, 1964, S. 31 (37ff.).

58 Die Deutung der Demokratie als Konkurrenzkampf der Machteliten um die politische Führung stammt von *Joseph A. Schumpeter,* Kapitalismus, Sozialismus und Demokratie, dt. 1950, S. 421ff.

Die Grundrechte legitimieren Wettbewerb und Interessenkampf[59]. Der Wettbewerb fordert die Leistungen der Teilnehmer heraus, schafft Leistungsanreiz für den, der sich durchsetzen, und erzeugt Leistungsdruck für den, der sich behaupten will. Im Wettbewerb entwickeln und bewähren sich die Kräfte der Individuen wie der Gesamtgesellschaft. Die Konkurrenz ist das Lebensprinzip der Zivilrechtsgesellschaft und der Marktwirtschaft. Ihm folgt der Pluralismus der offenen Gesellschaft, in der Weltanschauungen, Religionen, kulturelle und politische Bestrebungen um Einfluß ringen. Das Verfassungsrecht gewährleistet allen Grundrechtsträgern die Chancengleichheit, und es schützt vor einer Beschränkung der Freiheit zum Wettbewerb. Doch es bietet keinen Schutz vor dem privaten Wettbewerber, der, solange er die Gebote der Fairneß einhält, seinerseits den Schutz der Grundrechte genießt. Der grundrechtlichen Freiheit korrespondieren also Chance und Risiko des Wettbewerbs. Die gesellschaftliche Selbstregulierung leistet im großen und ganzen mehr für das Wohl der Einzelnen und der Allgemeinheit, als es der Staat durch Planung und Lenkung zu bewirken vermag. Es sind gerade die ungeselligen Kräfte, die den Nutzen für alle erbringen – jenseits aller Solidarität, ohne altruistische Anstrengungen und ohne Verbrüderungsmoral.

Karl Marx kennzeichnet die Menschenrechte liberaler Observanz als „Versicherung des Egoismus"[60]. Das sind sie in der Tat. Sie gewährleisten die Privatnützigkeit des Eigentums, das Erwerbsstreben des Berufstätigen, das Gruppeninteresse der Koalition im Verteilungskampf, den Machthunger der politischen Parteien. Ungesellige Eigenschaften wie Ehrgeiz und Eitelkeit genießen auch den Schutz ideeller Grundrechte wie der Meinungs-, Medien- und Wissenschaftsfreiheit und stimulieren deren Ausübung. Der Staat, der dem wirtschaftlichen Eigennutz der Bürger freie Bahn gibt, bedient sich seiner mit-

---

59 Zum agonalen Prinzip der Grundrechte *Isensee* (N 36), § 115 Rn. 252 ff.

60 *Marx* (N 54), S. 194.

telbar zum allgemeinen Nutzen dadurch, daß er über die Steuer am wirtschaftlichen Erfolg partizipiert.

Die Grundrechte kommen dem bourgeois zugute, der seine privaten Interessen wahrt und durchsetzt, aber sie halten ihm die Möglichkeit offen, zum citoyen aufzusteigen, der die Sache des Gemeinwesens zu der seinen macht. Ihm steht es frei, dem Nächsten und der Allgemeinheit selbstlose Dienste zu leisten und uneigennützig Solidarität zu üben. Freiwillige Solidarität, wie sie in Familie und Nachbarschaft, über ehrenamtliche Tätigkeit und gemeinnützige Einrichtungen erbracht wird, ist auch in der Erwerbsgesellschaft unerläßlich, nicht nur als deren Ergänzung und Korrektiv, sondern auch und wesentlich als deren Voraussetzung. Der Verfassungsstaat kann diese Leistungen jedoch um der Freiheit willen nicht erzwingen, sondern nur anregen und fördern. Sie sind nicht Gegenstand gesetzlicher Pflichten, sondern Gegenstand von vorrechtlichen Verfassungserwartungen[61].

Die liberalen Grundrechte sind in erster Linie konzipiert als Abwehrrechte. Sie schirmen Bereiche privater Selbstbestimmung ab gegen Eingriffe des Staates. Individuum und Staat erscheinen als voneinander gesonderte, wesensverschiedene Größen: der Grundrechtsträger als der Private, der zum Staat auf Distanz geht, dieser aber, der Grundrechtsadressat, als

---

61 Die griechische Verfassung erkennt dem Staat das Recht zu, „von allen Bürgern die Erfüllung ihrer Pflicht zu gesellschaftlicher und nationaler Solidarität zu fordern" (Art. 25 Abs. 4). In Deutschland wird eine ungeschriebene, vorverfassungsrechtliche Grundpflicht zur Solidarität diskutiert (Nachw. *Klaus Stern,* Das Staatsrecht der Bundesrepublik Deutschland, Bd. III/2, 1994, S. 1031ff.). In der Gemeinsamen Verfassungskommission, die 1991 - 1993 eine Revision des Grundgesetzes beriet, erfolgte die Initiative, die Erwartung ausdrücklich im Grundgesetz zu thematisieren: „Jeder ist zu Mitmenschlichkeit und Gemeinsinn aufgerufen." Trotz anfänglich positiver Resonanz fand die Initiative keine verfassungsändernde Mehrheit. (Bericht der Gemeinsamen Verfassungskommission, in: Zur Sache 5/93, 1993, S. 161ff.). – Zur Solidarität als Gebot der Moralität, die über Legalität hinausweist: *Denninger* (N 20), S. 45, – Allgemein zu Kategorie und Inhalt von Verfassungserwartungen: *Isensee* (N 36), § 115 Rn. 163ff., 222ff., 233ff.

„öffentliche Gewalt“, die durch die Grundrechte geleitet und gezügelt wird. Das Bild des Staates reduziert sich auf das der Herrschaftsorganisation, die zugleich Gewährleistung wie Gefahr für die grundrechtliche Freiheit bedeutet. Außerhalb des grundrechtlichen Blickfeldes liegt das Gemeinwesen, der Staat im großen und umfassenden Sinne der Tradition, der Bürger und Staatsgewalt, Genossenschaft und Herrschaft vereint und sich als Solidargemeinschaft zu legitimieren vermag. Der engen Sicht stellt sich die staatliche Anordnung solidarischen Verhaltens dar als von außen kommende Beschränkung der grundrechtlichen Freiheit, wie denn überhaupt die Durchsetzung von Belangen der Allgemeinheit oder von Belangen Dritter als Eingriff figuriert, der einem spezifischen Rechtfertigungszwang unterworfen ist. Der Individualismus, der die Grundrechte prägt, kommt zum Ausdruck in der allgemeinen Handlungsfreiheit, kraft deren jedermann nach Willkür tun und lassen kann, soweit er nicht gegen ein gesetzliches Gebot verstößt. Hinter dieser Konzeption steht das rechtsstaatliche Verteilungsprinzip, daß die Freiheit des Individuums virtuell unbegrenzt, dagegen die Staatsgewalt notwendig begrenzt ist und daß ihre Ausübung der Rechtfertigung bedarf, indes die Ausübung der Freiheit sich nicht zu rechtfertigen braucht[62].

Das liberale Abgrenzungsdenken findet ein philosophisches Fundament bei Kant, der Staat und Recht nicht von der Idee allgemeiner Solidarität[63], sondern von der Willkür („Freiheit“) des Einzelnen her bestimmt, so daß die Freiheit des anderen wie das Gesetz des Staates als Einschränkungen eben dieser Freiheit erscheinen: „Recht ist die Einschränkung der Freiheit eines jeden auf die Bedingungen ihrer Zusammenstimmung mit der Freiheit von jedermann, in so fern diese nach einem allgemeinen Gesetz möglich ist“[64]. Unter dieser Voraussetzung

---

62 Kategorie: *Carl Schmitt,* Verfassungslehre, [1]1928, S. 126. Dazu *Hans Hugo Klein,* Über Grundpflichten, in: Der Staat 14 (1975), S. 153 (157ff.); *Isensee* (N 36), § 115 Rn. 184f.

63 So der Ansatz des heutigen Kommunitarismus.

besteht die Grundpflicht der Einzelnen nicht darin, ihren Mitmenschen nach Kräften beizustehen, sondern darin, die Rechtspositionen der Nebenmenschen zu wahren, also das Gebot, „neminem laede“ einzuhalten. Ein solch negatives Konzept der Abgrenzung von Individuen und Staatsorganisation (in die Sprache der Grundrechtsdogmatik übersetzt: von Grundrechtsträgern und Grundrechtsadressat) vernachlässigt die übergreifende Einheit des staatlichen Gemeinwesens, und es erklärt nicht, was diese Einheit konstituiert.

Thema der Grundrechte ist die Gewähr der Freiheit und der sonstigen Rechtsgüter des Einzelnen im Verhältnis zum Staat, nicht aber die Beziehungen der Einzelnen zueinander. In der Grundrechtsordnung gibt es den Nebenmenschen (das Wort findet sich übrigens bei Kant[65]) und den Nebenbürger, nicht jedoch den Mitmenschen und den Mitbürger. Doch die Grundrechte sind nicht darauf angelegt, die Individuen voreinander abzuschotten. Ungesellige wie gesellige Neigungen kommen zur Wirksamkeit. Die grundrechtliche Freiheit umschließt auch Zuwendung zum anderen, Austausch, Zusammenarbeit, Selbstbindung durch Verträge. Auf dem Boden der grundrechtlich gewährleisteten Privatautonomie regeln die Individuen ihre Beziehungen selber im Rahmen der privatrechtlichen Ordnung. Auf der Grundlage der Privatautonomie können sie auch Solidarität üben, spontan wie organisiert, aus eigen- und gruppennützigen wie aus gemeinnützigen Beweggründen.

Das Subsidiaritätsprinzip nimmt in den liberalen Grundrechten verfassungsrechtliche Gestalt an in der Weise, daß grundrechtsautonomem Handeln der Vorrang zukommt vor staatlichem Handeln, daß der Staat sich nicht nur für den Eingriff, sondern auch für die Leistung zu rechtfertigen hat, daß er die

---

64 *Kant* (N 50), S. 144. Vgl. auch *ders.*, Metaphysik der Sitten (1797), in: ders., Werke (hrsg. von Wilhelm Weischedel), Bd. IV, 1966, S. 303 (337ff.). Fundamentalkritik: *Georg Wilhelm Friedrich Hegel*, Grundlinien der Philosophie des Rechts (1821), Meiner-Ausgabe, [4]1955, § 29 (S. 45).

65 *Kant*, Metaphysik (N 64), S. 600.

private Initiative nicht grundlos gefährden und ihre Möglichkeiten nicht grundlos einschränken darf[66]. Das soziale Verfassungsziel, das ihm Verantwortung auferlegt für ein Mindestmaß an sozialer Sicherheit und Gerechtigkeit für jedermann, hebt den Rechtfertigungszwang nicht auf. Der soziale Rechtsstaat kann nicht ohne weiteres die Bürger zu solidarischem Verhalten zwingen oder solches Verhalten durch staatliche Veranstaltungen entbehrlich machen. Vielmehr aktualisiert sich der Regelungs- und Leistungsauftrag des Sozialstaats nur, wenn und soweit sich soziale Sicherheit und Gerechtigkeit nicht „von unten", im Zuge gesellschaftlicher Selbstregulierung, herstellen lassen. Der Sozialstaat kann die Bürger zu solidarischem Verhalten zwingen, wenn der Zwang im Blick auf das soziale Verfassungsziel zweckdienlich, erforderlich und grundrechtsangemessen ist. Prekär ist die Neigung des Sozialstaats, leistungsfähige Personen als „Zwangspaten"[67] für leistungsbedürftige zu verpflichten und in einen Solidarverbund zu zwängen, um auf die Weise die staatseigene Verantwortung auf fiskalisch glimpflichem Wege abzuwälzen. Der Gleichheitssatz erlaubt den Oktroi von Solidarpflichten nur innerhalb solcher Gruppen, in denen eine besondere Verantwortungsbeziehung hinsichtlich eines gemeinsamen Risikos bereits angelegt ist[68]. Im übrigen aber müssen die Solidarlasten, die der Allgemeinheit zufallen, vom Finanz- und Steuerstaat getragen werden.

Verfassungsrechtliche Kautelen haben bislang ebensowenig wie sozialethische Maximen das Wachstum sozialstaatlicher

---

66 Dazu *Josef Isensee,* Gemeinwohl und Staatsaufgaben im Verfassungsstaat, in: HStR Bd. III, ^{2}1996, § 57 Rn. 165ff.

67 Bezeichnung von *Reinhard Mußgnug,* Die zweckgebundene öffentliche Abgabe, in: Festschrift für Ernst Forsthoff, 1972, S. 259 (292).

68 Aus der Judikatur: BVerfGE 55, 274 (302ff.); 67, 256 (275ff.); 82, 159 (179ff.); 93, 319 (344ff.). Vgl. auch *Josef Isensee,* Umverteilung durch Sozialversicherungsbeiträge, 1973, S. 44ff.; *ders.* (N 12), S. 477ff., 482ff., 489ff.; *ders.,* Nichtsteuerliche Abgaben – ein weißer Fleck in der Finanzverfassung, in: Staatsfinanzierung im Wandel. Schriften des Vereins für Socialpolitik NF 134 (1982), S. 435 (454ff.); *P. Kirchhof* (N 12), § 88 Rn. 231ff., 275f.

Regulierung und Leistung aufhalten können[69]. Der Sozialstaat ist durch übermäßige Ausdehnung in die Kritik geraten, weil er die Leistungsfähigkeit der Gesellschaft, deren Kostgänger er ist, lähmt und so die Quelle verschüttet, aus der er schöpfen muß.

Die Grenzen legitimer Solidarität gegenüber der Eigenverantwortung lassen sich mit verfassungsrechtlichen Kriterien schwer abstecken. Das zeigt sich auch im bundesstaatlichen Bereich bei dem analogen Problem des Finanzausgleichs zwischen finanzstarken und finanzschwachen Ländern. Nach dem Prinzip der Eigenverantwortung haben die einzelnen Länder für die Folgen leichtfertiger, gefälligkeitsdemokratischer Haushaltswirtschaft einzustehen, indes ihnen die Früchte umsichtiger Wirtschafts- und Finanzpolitik erhalten bleiben. Das Prinzip föderaler Solidarität gebietet dagegen, daß alle Glieder des Bundesstaates für das eine Glied einstehen, das, verschuldet oder nicht, in Haushaltsnöten ist. Das Verfassungsrecht verlangt den schonenden Ausgleich zwischen den widerstrebenden Prinzipien[70]. In der Praxis setzt sich die Solidarität durch mit der Folge der Nivellierung der Haushaltsmoral aller und der Anpassung nach unten.

XII.

Sozialstaatliche Umverteilung vermag die Gesellschaft nicht von innen her zusammenzuhalten. Sie weckt bei den Transferbegünstigten Anspruchsegozentrik und bei den Transferbelasteten Vermeidungsbedürfnisse. Aber sie erzeugt nicht jene übergreifende Solidarität, deren die Umverteilung als ethische Grundlage bedarf. Diese Grundlage, die der Sozialstaat nicht schafft, sondern voraussetzt, liegt in der Solidareinheit des

69 Kritik *Heinze* (N 30), bes. S. 74ff., 87ff.

70 Dazu BVerfGE 72, 330 (386ff., 397ff.); 86, 148 (213ff.). Vgl. auch *Josef Isensee,* Idee und Gestalt des Föderalismus im Grundgesetz, in: HStR Bd. IV, 1990, § 98 Rn. 55ff., 146ff.; *Rudolf Wendt,* Finanzhoheit und Finanzausgleich, ebd., § 104 Rn. 76ff., 84ff.

staatlichen Gemeinwesens, das sich nicht in der Funktionalität eines Leistungs-Abgaben-Systems erschöpft. Überlagert und vermittelt, gründet Solidarität in der Idee der Nation, die Wille und Ethos zugleich bedeutet: füreinander einzustehen. Darin liegt keine Abschließung nach außen. Heute öffnet sich das Gemeinwesen den Ausländern und dem Ausland, dem europäischen Staatenverbund und der Völkergemeinschaft. Es erweitert seine Solidarbeziehungen, und es differenziert sie aus. Ob die nationale Solidareinheit sich letztlich auflöst in die multikulturelle und multinationale Gesellschaft ist derzeit Spekulation, zudem eine solche, die auf immerwährende Schönwetterlage setzt.

Supranationale Solidarität realisiert sich in der Europäischen Union nach Maßgabe ihrer Kompetenzen. Doch wird die supranationale Solidarität erbracht und vermittelt durch die Nationalstaaten.

Der Nationalstaat bietet eine praktische, wenngleich triviale Lösung für die Aufgabe, die Hegel in seiner Staatsphilosophie stellt: daß die Freiheit des Individuums nicht auf dem Niveau der Willkür und daß die Wirksamkeit des Staates nicht auf dem Niveau einer Nützlichkeitsveranstaltung („Not- und Verstandesstaat“) enden darf, daß Freiheit und Staat zu sittlicher Höhe aufsteigen und zu sittlicher Einheit finden sollten. Diese Vorstellung greift jedoch über den Horizont des verfassungsrechtlich Organisierbaren hinaus in das Reich des politischen Ethos. Einen Versuch, das alte Ideal auf neue Weise einzulösen, bildet die bundesdeutsche Doktrin des Verfassungspatriotismus, die darauf ausgeht, die konkrete staatliche Einheit, losgelöst von allen Realien in Raum und Zeit, auf abstrakte Verfassungswerte zu gründen, vor allem auf Freiheit, Gleichheit, Solidarität. Konsequent durchdacht, mündet der Verfassungspatriotismus ein in Kosmopolitismus, damit in die Verdrängung des Prioritätenproblems und in die Diffusion von Solidarität.

Manche Zeichen sprechen dafür, daß der Wille zu menschheitlicher Solidarität mit dem Bewußtsein der einen Welt zunimmt. Doch damit steigert sich auch das ethische Dilemma: Je mehr Globalisierung, desto wichtiger die Frage der Priorität. Mit der Weitung der Handlungsmöglichkeiten wird die Aufgabe schwieriger und dringlicher zugleich: zu erkennen, wer mir der Nächste ist.